SCHWARZENBERGER

Die Kreuger-Anleihen

# Die Kreuger-Anleihen

Ein Beitrag zur Auslegung
der internationalen Anleihe- und Monopolverträge
sowie zur Lehre vom Staatsbankerott

Von

Dr. Georg Schwarzenberger

MÜNCHEN UND LEIPZIG 1931
VERLAG VON DUNCKER & HUMBLOT

ALLE RECHTE,
INSBESONDERE DAS DER ÜBERSETZUNG,
VORBEHALTEN.
COPYRIGHT 1931 BY DUNCKER & HUMBLOT, MÜNCHEN

Pierersche Hofbuchdruckerei Stephan Geibel & Co., Altenburg, Thür.

# VORWORT.

Die entscheidenden Lebensbeziehungen eines Volkes zu seiner Umwelt werden heute weniger als je ausschließlich in dem Bezirk geregelt, der sich als zwischenstaatlicher abgrenzen läßt. In der gegenwärtigen Epoche politischer und wirtschaftlicher Expansion treten neben den Staat die internationalen Banken und Trusts als einflußreiche Machtfaktoren. Ihre Vertreter fühlen sich weniger als Bürger ihres Heimatstaates, denn als Repräsentanten von Gebilden, die zwar anders aufgebaut sind als der Staat, ihm aber rangmäßig durchaus gleichkommen. Sie sind zu allen großen Konferenzen der Nachkriegszeit zugezogen worden und schließen ihre Lieferungs-, Kredit- und Monopolverträge auch mit solchen Staaten ab, die sich zu den Großmächten zählen.

Bei einer so grundlegenden Veränderung der Rechtswirklichkeit geht es nicht an, auf Grund von Theorien, die ganz andere tatsächliche Voraussetzungen haben, die rechtliche Zuordnung solcher Verträge vorzunehmen*. Der einzig sinnvolle Weg kann nur der sein, eine typische Gruppe dieser Abkommen herauszugreifen und zu prüfen, in welches Rechtssystem sie bei objektiver Betrachtung einzuordnen sind. Eine solche Stichprobe kann dann Anhaltspunkt für die rechtssystematische Zuteilung von Verträgen ähnlicher Art werden. Gerade deshalb, weil die vorliegende Arbeit die Auslegung der Kreuger-Verträge nicht als Selbstzweck ansieht, dehnt sich die Untersuchung auf solche Rechtsinstitute aus, die generell bei solchen Verträgen von Bedeutung sind und noch der Klärung bedürfen: Geltungsgrund des internationalen Privatrechts, Staatsbankerott, das Ausscheiden aus einem Rechtskreis als Endigungsgrund der Völkerrechtspersönlichkeit und die Grenzen des völkerrechtlichen Schutzes wohlerworbener Rechte.

Auch bei dieser Arbeit möchte ich meinem Lehrer, Herrn Privatdozenten Landgerichtsrat Dr. Karl Schmid-Tübingen, für seine vielfachen Anregungen, insbesondere in bezug auf die oben umrissene Problemstellung, herzlichen Dank sagen.

Heilbronn, im April 1931.  Georg Schwarzenberger.

---

* Es ist bezeichnend, daß zwei von so verschiedenen Voraussetzungen ausgehende Wissenschaftler, wie Politis und Korowin, beide empfinden, wie sehr wir uns heute in einem Übergangsstadium in bezug auf die Abgrenzung von Völker- und Landesrecht befinden.
Politis, l. c. 1927, S. 91: „on en arrive à la conclusion qu'à l'heure actuelle le droit international est dans une période de transition; s'il n'est plus exclusivement le droit des Etats, il n'est pas encore complètement celui des hommes."
Korowin, l. c. S. 33: „Die Dämmerung des modernen „Staates' erstreckt sich auch auf das internationale Gebiet. An die Seite des Staates, vor kurzem seines einzigen Monopolisten, treten immer neue und neue Nebenbuhler und Nachfolger: philantropische Zellen und Vereinigungen, die richtiggehende Verträge mit einzelnen Regierungen abschließen, Welttrusts (vgl. z. B. die Beteiligung der Erdölkönige an den Konferenzen von Genua, Lausanne oder der englisch-türkischen Mossul-Konferenz)."

# INHALTSVERZEICHNIS

### Erster Abschnitt

Seite

Die Typen der Kreuger-Abkommen . . . . . . . . . . . . 1—5
    Der Normaltyp – Varianten.

### Zweiter Abschnitt

Abkommen ähnlichen Charakters . . . . . . . . . . . . . 6—8
    Konzessionsverträge – Kredit- und Anleiheverträge.

### Dritter Abschnitt

Qualifikation der Kreuger-Abkommen . . . . . . . . . . 9—20
    Normenkomplex oder Vertrag? – Völker- oder landesrechtlicher Vertrag? (Geltungsgrund des internationalen Privatrechts; Kritik an Borchard, Freund und Williams) – Ehrenschuld oder rechtsverbindlicher Vertrag? (Kritik an Drago und Politis) – Öffentlich- oder privatrechtlicher Vertrag? (Kritik an Strupp) – Kauf oder Darlehen?

### Vierter Abschnitt

Das auf die Kreuger-Verträge anzuwendende nationale Recht 21—22

### Fünfter Abschnitt

Die Garantien der Kreuger-Verträge . . . . . . . . . . 23—26
    Regelfall: Keine Garantien für Staatsanleihen – die Garantietypen der Kreuger-Verträge – ihre rechtliche Bedeutung.

### Sechster Abschnitt

Die Klagbarkeit der Kreuger-Verträge . . . . . . . . . . 27—29

### Siebter Abschnitt

Möglichkeit und Grenzen einseitiger staatlicher Einwirkung auf Bestand und Substanz der Kreuger-Verträge . . . 30—36
    Inflation und Staatsbankerott – Kündigung der Anleihe vor Fälligkeit – Vorzeitige Monopolentziehung – Steuermaßnahmen.

## Achter Abschnitt

Rechtsverhältnisse bei Untergang der Vertragsparteien . . . 37—43

Rechtsverhältnisse bei Untergang der Kreuger-Gesellschaften — Rechtsverhältnisse bei Untergang des Schuldnerstaates (Protektorat, Zusammenschluß zu einem Bundesstaat, Einverleibung, Zergliederung, Verschmelzung zu einem Einheitsstaat und Ausscheiden aus einem Rechtskreis).

## Neunter Abschnitt

Völkerrechtliche Verantwortlichkeit bei Verletzung der Kreuger-Verträge . . . . . . . . . . . . . . . . . 44—53

Tatbestandsmerkmale und Ziel des Anspruchs — Qualifikation des Anspruchs — Die Mittel zur Durchsetzung des Rechtspflegeanspruchs — Der Rechtspflegeanspruch im Verhältnis zum Grundsatz der Souveränität und Staatengleichheit — Die Staatsangehörigkeit der Kreuger-Gesellschaften.

## Schluß

Die Einwirkung der Kreuger-Verträge auf die zwischenstaatlichen Beziehungen . . . . . . . . . . . . . . . . . 54—58

## Anhang

Vertrag des Deutschen Reichs mit Kreuger vom 26. Oktober 1929 . . . . . . . . . . . . . . . . . . . . . . . 59—69

# LITERATURVERZEICHNIS

## I. Verträge

Haager Abkommen (Amtliche Ausgabe; Entwürfe zu den Gesetzen über die Haager Konferenz).

Vertrag Boliviens mit Kreuger vom 9. Mai 1930, La Paz, Imp. „Eléctrica".

Vertrag des Deutschen Reichs mit Kreuger vom 26. Oktober 1929. (Reichstagsdrucksache 4. Wahlperiode 1928, Nr. 1572, Anlage 4.)

Vertrag Ecuadors mit Kreuger vom 25. November 1927, Registro Offizial, 1927, Nr. 496.

Vertrag Griechenlands mit Kreuger vom 1. Juli 1926, ΕΦΗΜΕΡΙΣ ΤΗΕ ΚΨΒΕΡ-ΝΗΣΕΩΣ, 1926, Nr. 219.

Vertrag Jugoslawiens mit Kreuger vom 22. November 1928. (Belgrad 1929 und Zeitschrift für ausländisches öffentliches Recht und Völkerrecht, Bd. II, 1930, S. 288—297.)

Vertrag Lettlands mit Kreuger vom 7. Juni 1928, Likumu un Ministru kabineta nokikumu krājums, 27. burtnica, 31. Dezember 1928.

Vertrag Litauens mit Kreuger vom 12. April 1930. (Vyriausybės Žinios, Kannas 1930, Nr. 325 und Zeitschrift für ausländisches öffentliches Recht und Völkerrecht, Bd. II, 1930, S. 314—322.)

Vertrag Perus mit Kreuger vom 30. September 1925, El Peruano Diario Official, 1925, Bd. II, Semestre II, Nr. 101.

Vertrag Polens mit Kreuger vom 17. November 1930. Seijm Druk Nr. 5, 13. Dezember 1930.

Vertrag Rumäniens mit Kreuger vom 2. Februar 1929. Annexe zu Lege privitoare la Crearea Casei Autonome a Monopolurilos Regatului Românici, Bucuresti 1929.

Vertrag Ungarns mit Kreuger vom 16. Mai 1928. Beilage zum Entwurf des G. A. XLI en 1928.

Verträge der Türkei mit der Fabrique des Alumettes (1925) und mit Kreuger (8. Juni 1930) (L' Économiste d'Orient, 1926, Nr. 160 und 1930, Nr. 254—255).

## II. Veröffentlichungen internationaler Instanzen

Commission des réparations. Rapport de l'agent général des payements de réparations vom 10. Dezember 1927. Berlin 1928.

Publications de la Cour Permanente de Justice Internationale. Serie A und B.

Recueil des Décisions des Tribunaux Arbitraux Mixtes.

## III. Private Veröffentlichungen

*Anzilotti, Dionisio,* Die Zuständigkeit der italienischen Gerichte gegenüber fremden Staaten, in Niemeyers Zeitschrift für internationales Recht, 1895.

— Völkerrecht, Berlin 1929.

*v. Bar,* Theorie und Praxis des internationalen Privatrechts, Hannover 1889.

*Barclay, Strujcken, Erich,* Kaufmann, Studien zur Lehre von der Staatensukzession. Berlin 1923.

# X  Literaturverzeichnis

*Basdevant, Jules,* L'action coercitive Anglo-Germano-Italienne contra le Venezuela, Revue générale de droit international public. 1904.

*Bickerich, W.,* Kreuger, in „Die Bank". 1931.

*Blaisdell, Donald,* European financial control in the Ottoman Empire. New York 1929.

*Bluntschli, M.,* Le droit international codifié. Paris 1881.

*Bonhöffer, Klaus,* Die Meistbegünstigung im modernen Völkerrecht. Berlin 1930.

*Borchard, Edwin,* The question of the limitation of protection by contract between the citizens and a foreign government, Proceedings of the American Society of international law 1910. New York 1910.

— The diplomatic protection of citizens abroad. Washington 1915 und 1922.

Börsen- und Wirtschaftskalender für 1931.

*Bouché, Camille,* Les emprunts étrangers. Paris 1914.

*Brändl,* Internationales Börsen-Privatrecht, 1925.

*Bruns, Viktor,* Gutachten über die Fragen der Ernennung der Ersatzrichter zum ungarisch-rumänischen Schiedsgericht durch den Völkerbundsrat, La réforme agraire Roumaine. Paris 1928.

— Das Völkerrecht als Rechtsordnung. Zeitschrift für ausländisches öffentliches Recht und Völkerrecht, Berlin 1929, Band I.

*Bullington, John P.,* Problems of international law in Mexican constitution. American Journal of international law, 1927.

*Cleinow, Georg,* Die deutsch-russischen Rechts- und Wirtschaftsverträge. Berlin 1926.

*Daehne, van A, Varick, van,* Le droit financier international devant la conférence de la Haye, 1907.

Daily Statistics Service.

*Decencière-Ferrandière, A.,* La responsabilité internationale des États à raison des dommages subis par des étrangers. Paris 1925.

*Drago,* Les emprunts d'État et leurs rapports avec la politique internationale. Revue générale de droit international public. Tome XIV, 1907.

*Duguit, Léon,* Le différend Roumano-Hongrois et le Conseil de la Société des Nations. Revue de droit international et de législation comparée, Bd. 54, 1927.

*Fachiri, Alexander,* International law and the property of aliens. The British yearbook of international law 1929.

*Fauchille, Paul,* Traité de droit international public, Bd. I, 1. Paris 1922.

*Finch, George A.,* American diplomacy and the financing of China, American Journal of international law, Vol. 16, 1922.

*Frankenstein, E.,* Die Inhaberpapiere im Internationalen Privatrecht. Zentralblatt für Handelsrecht 1927.

*Freund, G. S.,* Rechtsverhältnisse der öffentlichen Anleihen. Berlin 1907.

— Der Schutz der Gläubiger gegenüber ausländischen Schuldnerstaaten, insbesondere bei auswärtigen Staatsanleihen. 1910.

*Glier, L.,* Die Meistbegünstigungsklausel. Berlin 1905.

*Görtz, Hermann,* Auswärtige Anleihen. Marburg 1927.

*Güthe-Schlegelberger,* Kriegsbuch 6. Berlin 1918.

*Gutzwiller, Max,* International privatrecht. „Das gesamte deutsche Recht" Bd. I, herausgegeben von Stammler. Berlin 1931.
*Heck, Philipp,* Grundriß des Schuldrechts. Tübingen 1929.
*Hoijer, Olof,* Les traités internationaux. Paris 1929.
*Huber, Max,* Die Staatensukzession. Leipzig 1898.
*Husserl, G.,* Rechtskraft und Rechtsgeltung. Berlin 1925.
*Imbert, Henri,* Les emprunts d'état étrangers. Paris 1905.
*Isay, Ernst,* Die Staatsangehörigkeit der juristischen Person. Tübingen 1907.
*Jessel, Sir George,* Law Reports, Chancery Division, Bd. V, 1877.
*Jèze, Gaston,* Revue du droit public et de la science politique, Bd. 24 (1907) und 25 (1908).
— Cours de Science des Finances et de législation financière française. Paris 1925.
— Allgemeine Theorie des Budgets. Tübingen 1923.
— Les contrats administratifs de l'État, des Départements, des Communes et des Établissements publics. Paris 1927.
*Kaufmann, Erich,* Der ungarisch-rumänische Streit über die rumänische Agrarreform. Zeitschrift für Ostrecht, 1. Jahrg., 1927.
*Kaufmann, Wilhelm,* Das internationale Recht der ägyptischen Staatsschuld. Berlin 1891.
*Kebedgy, Michel,* De la protection des créanciers d'un État étranger. Journal du droit international privé, 1894, Bd. 21.
*Korowin, E. A.,* Das Völkerrecht der Übergangszeit. Berlin 1929.
*Kreuger und Toll, A. B.,* Geschäftsbericht für 1929. Stockholm 1930.
*Laband,* Archiv für öffentliches Recht. Tübingen 1908, 23. Bd.
*Lapradelle et N. Politis, G. de,* Recueil des arbitrages internationaux t. II, 1924.
*Leibholz, Gerhard,* Verbot der Willkür und des Ermessensmißbrauchs im Völkerrecht. Zeitschrift für ausländ. öffentliches Recht und Völkerrecht. Berlin 1929, Bd. 1.
*Lewald, Hans,* Das deutsche internationale Privatrecht. Leipzig 1930/31.
*Lippert, Gustav,* Handbuch des internationalen Finanzrechts. Wien 1928.
*Liszt-Fleischmann,* Das Völkerrecht. Berlin 1925.
*Manes,* Staatsbankerotte. Berlin 1922.
*Marcus, Alfred,* Ivar Kreuger und die Politik. Preuß. Jahrbücher Bd. 223, 1931.
*Martens, F. v.,* Revue de droit internationale et de législation comparée. 1882.
*Meili, Fr.,* Der Staatsbankerott und die moderne Rechtswissenschaft. Berlin 1895.
*Meine, Heinrich,* Die Beschränkung in der Meistbegünstigungsklausel. Berlin 1928.
*Meyer-Balding,* Die völkerrechtlichen Anleihe-Garantien. Sonderabdruck aus Niemeyers Zeitschr. für intern. Recht, Bd. 26.
*Moore, John B.,* History and digest of the international arbitration. Washington 1898.
— Digest of international law. Washington 1906.
*Moulin,* La doctrine de Drago, Revue générale de droit international public, Bd. 14.
*Neumann, Conrad,* Vertragsgültigkeit und Parteiwille in Lehre und Rechtsprechung des intern. Schuldrechts. Heidelberg 1930.
*Neumeyer, Karl,* Annuaire de l'Institut de droit international, Bd. 32. Paris 1925.
*Niboyet,* Des conflicts de lois relatifs à l'acquisition de la propriété. Paris 1912.
— Existe-t-il vraiment une nationalité des sociétés? Paris 1928.

## Literaturverzeichnis

*Pflug, Karl*, Staatsbankerotte und internationales Recht. München 1898.
*Pillet, Antoine*, Recherches sur les droits fondamentaux des États, Revue générale de droit int. public 1898.
— Principes de droit international privé. Paris 1903.
*Politis, Nicolas*, Les emprunts d'État en droit international. Paris 1894.
— Les nouvelles tendances du droit international. Paris 1927.
*Raleigh, C. Minor*, The citizenship of individuals, or of artificial persons for whom protections is invoked, Proceedings of the American Soc. of intern. law. New York 1910.
*Riedl, Richard*, Ausnahmen von der Meistbegünstigung. Wien 1931.
*Roxburgh, Ronald*, International conventions and third States. New York 1917.
*Santis, Demetrius*, Staatsschulden und Finanzpolitik Griechenlands. Berlin 1924.
*Schacht, Hjalmar*, Das Ende der Reparationen. Oldenburg 1931.
*Schaff, Erich*, Internationale Verflechtungen in der Zündholzindustrie. Leipzig 1929.
*Schmid, Karl*, Die Rechtsprechung des ständigen Internationalen Gerichtshofs, dargestellt in Rechtssätzen. (Manuskript von 1928.)
*Schmidt, Fritz*, Die Kaffeevalorisation, Jahrb. für Nationalökonomie und Statistik 1909.
*Schmitt, Karl*, Die Kernfrage des Völkerbundes. Berlin 1926.
*Schönborn, Walter*, Staatensukzessionen. Stuttgart 1913.
— Staatensukzession. Artikel im Wörterbuch des Völkerrechts u. der Diplomatie, Bd. 1, 1925.
*Schwandt, Johannes*, Die Deutschen Aktiengesellschaften im Rechtsverkehr mit Frankreich und England. Marburg 1912.
— Das Zündwaren-Monopolgesetz. Zeitschr. für Zölle und Verbrauchssteuern 1930.
*Scott, J. B.*, The Hague Peace Conferences of 1899 und 1907. Baltimore 1909.
*Scott Nearing und Joseph Freeman*, Dollardiplomatie. Berlin 1927.
*Sirey*, Recueil général des lois et des arrêts. Paris 1877.
Spezialarchiv der deutschen Wirtschaft.
*Stowell*, Intervention in international law. Washington 1921.
*Strupp, Karl*, Das völkerrechtliche Delikt. Berlin 1920.
— L'intervention en matière financière, Recueil des cours 1925, Bd. 8. Paris 1926.
— Intervention in Finanzfragen. Leipzig 1928.
— Grundzüge des positiven Völkerrechts, Bonn 1928.
*Swenska Tändsticks A. B.*, Directors Report for the year 1928. Stockholm.
— Sonderausgabe 1930. Manuskriptdruck. Berlin 1930.
*Vattel, M. de*, Le droit des gens ou principes de la loi naturelle. Classics of international law. Washington 1916.
*Wickel, Helmut*, Ein Nichts erobert die Welt. Berlin 1930.
*Williams, Sir John Fischer*, International law and international financial obligations arising from contract. Bibliotheca Visseriana 1924.
— International law and the property of aliens, British year book of international law 1928.
— Chapters on current international law and the League of Nations. London 1929.
*Wuarin, Albert*, Essai sur les emprunts d'État. Genf 1907.
*Zeitlin, Leon*, Der Staat als Schuldner. Tübingen 1906.

Erster Abschnitt.

# Die Typen der Kreuger-Abkommen.

Die Kreuger-Abkommen, d. h. die zwischen den Zündholzgesellschaften Ivar Kreugers und ungefähr 15 Staaten abgeschlossenen Verträge lassen sich in verschiedene Typen gliedern[1]. Diese Einteilung, die als Wertung ein subjektives Moment enthält, hat außer dem im Vordergrund stehenden Ordnungszweck noch den Sinn, über die Stärke und Finanzkraft der vertragschließenden Staaten sowie über ihre Wichtigkeit im Rahmen des Kreugerschen Zündholzsystems Aufschluß zu geben.

Erstes Kapitel.

## Der Normaltyp.

Bei all diesen Abkommen ist die Anleihegewährung für Kreuger Mittel zu dem Zweck, das Zündwarenmonopol in dem betreffenden Land und damit eine auf Jahrzehnte hinaus kalkulierbare, gleichmäßig hohe Verzinsung des in dieser Industrie angelegten Kapitals zu erreichen. Da sich die Staaten zu einer solchen Hilfsstellung für einen ausländischen Trust in der Regel nicht ohne weiteres verstehen, so versucht Kreuger dies auf zwei Wegen zu erreichen: Er schlägt der Regierung nicht allzu finanzkräftiger Staaten die Aufnahme einer Anleihe vor unter der Bedingung, daß ihm auf Jahrzehnte hinaus das Monopol gewährt wird. Falls es nötig ist, wird diese Aktion durch eine für die Industrie des Landes unerträgliche Preisunterbietung eingeleitet, und die erste Etappe zum rechtlichen Monopol ist die Herstellung eines faktischen Monopols durch teilweisen oder vollständigen Aufkauf der Zündholzfabriken des Landes. Je nachdem, ob die Schwedengruppe noch andere Fabriken in die Monopolgesellschaft als Partner hereinnehmen muß oder ob sie schon alle Fabriken beherrscht, fordert sie vom Staat ein Produktions-[2] oder

---

[1] Abgesehen von den im Literaturverzeichnis angeführten Originaltexten der zwischen Kreuger und den Schuldnerstaaten abgeschlossenen Verträge konnte der wesentliche Inhalt der anderen Verträge aus den Geschäftsberichten der Kreuger-Gesellschaften und Zeitungsnachrichten entnommen werden.

[2] Produktions- und Handelsmonopol im litauischen Vertrag, Art. 1, im ungarischen Vertrag, § 2, im lettischen Vertrag, § 2 und 6.

Handelsmonopol[3]. Meist muß sich Kreuger dabei verpflichten, ein bestimmtes Mindestquantum an Zündhölzern zu exportieren[4]. Zum Schutz der Konsumenten finden sich in den Verträgen Klauseln über die Preisfestsetzung im Einvernehmen mit staatlichen Stellen[5]. Wo es die Machtverhältnisse gestatten, ist für die Kreuger- bzw. die Monopolgesellschaft Steuerfreiheit ausbedungen[6].

An diese Bedingungen ist in der Regel die Anleihegewährung geknüpft[7]. Darüber (über die auszustellenden Schuldverschreibungen, die Art und Weise der Zurückzahlung, die Amortisation und Kündigung) finden sich in den Abkommen ebenfalls noch eingehende Bestimmungen[8]. Ebenso ist in den Verträgen eine Instanz zur Entscheidung etwa auftauchender Streitigkeiten vorgesehen[9].

## Zweites Kapitel.

# Varianten.

Die Abweichungen vom Normal-Typ sind bestimmt durch das Interesse der beiden Parteien am Vertragsabschluß. Dieses ist abhängig von der finanziellen Kraft des die Anleihe suchenden Staates, seiner Be-

---

[3] Handels-, Import- und Exportmonopol im jugoslawischen Vertrag, Art. 1, und deutschen Vertrag, § 3, Z. 2.

[4] So gemäß § 6 des lettischen und Art. 8 des litauischen Vertrags. Dagegen ist im deutschen Vertrag durch § 3, Z. 11 der Export unmöglich gemacht: „Zündwaren sollen zu keinen geringeren Preisen als den für die entsprechenden Arten geltenden Übernahmepreisen, vermehrt um 10%, ausgeführt werden."

[5] Z. B. § 3, Z. 10 des deutschen Vertrags. Durch die Beteiligung am Gewinn der Monopolgesellschaft versucht Kreuger den Staat an hohen Preisen zu interessieren; § 3, Z. 19 des deutschen Vertrags. Danach erhält das Reich außer einer Monopolabgabe von 13 RM. pro Kiste die Hälfte des über 8% hinausgehenden Reingewinns der Monopolgesellschaft.

[6] So im deutschen Vertrag bezüglich der Kuponsteuer, Körperschaftssteuer und Gewinnbesteuerung, § 2, Abs. 7, und Schreiben des Reichsfinanzministers, Z. 2 und 5; im jugoslawischen Vertrag, Art. 11; im ungarischen Vertrag, § 7 und 8. Anders im litauischen Vertrag, Art. 13. Danach hat die Gesellschaft sämtliche nach den litauischen Gesetzen aufzuerlegenden Staats- und Selbstverwaltungssteuern zu zahlen. Diese dürfen jedoch einen gewissen Prozentsatz des Umsatzes nicht übersteigen.

[7] Alle Verträge stimmen darin überein, daß die Monopolverleihung als Bedingung und nicht als Verpflichtung eines gegenseitigen Vertrags formuliert ist. Vgl. den deutschen Vertrag, § 3. Der Vertrag ist an die aufschiebende Bedingung der Annahme des Monopolgesetzes durch die gesetzgebende Instanz geknüpft. Sollte dieses nicht zu erreichen sein, so bestehen keine Rechte und Pflichten aus dem Vertrag für die Parteien, § 5. Ebenso in Art. 13 des jugoslawischen, § 16 des lettischen und § 10 des ungarischen Vertrags. Nur in § 8 dieses Vertrags verpflichtet sich die ungarische Regierung zur Einbringung einer Gesetzesvorlage bez. der Einziehung der zum Zinsen- und Amortisationsdienst für diese Anleihe notwendigen Beträge.

[8] Vgl. deutschen Vertrag, § 1.

[9] Vgl. dazu unten den sechsten Abschnitt.

deutung für den Zündholztrust und der Stärke seiner einheimischen Zündholzindustrie.

a) Der Guatemala-Typ. Da bei Verträgen mit Staaten dieser Rangstufe immer ein gewisses Risiko vorhanden ist, so ist bei ihnen die Anleihegewährung neben der Monopol-Verleihung noch an eine weitere Bedingung geknüpft, so im Guatemala-Vertrag an die Verpfändung der Grund- und Zündholzsteuer[10]. Im ungarischen Vertrag ist eine hypothekarische Belastung von Siedlungsland vorgesehen[11]. Im litauischen[12] und jugoslawischen[13] Vertrag ist der dingliche Charakter der Verpfändung zu einem Vorrang der Kreugeranleihe vor anderen Anleihen abgeschwächt.

b) Der Griechenland-Typ. Dieses Abkommen nimmt deshalb besonderes Interesse in Anspruch, weil sein Zustandekommen von der Zustimmung auswärtiger Mächte abhängig war. Es ist erst in Kraft getreten, nachdem der Völkerbund, Großbritannien, Frankreich und die Vereinigten Staaten noch gesondert ihre Zustimmung zum Vertragsabschluß erklärt hatten[14]. Dieses Einverständnis war notwendig, da die finanzielle Unabhängigkeit Griechenlands durch ein früheres Abkommen[15] eingeschränkt war, insbesondere weil das Zündholzmonopol zu den Sicherheiten der durch dieses Abkommen garantierten Anleihe[16] gehörte.

Eine ähnliche Bestimmung findet sich in den zwischen dem Deutschen Reich und Kreuger abgeschlossenen Vertrag[17]. Sein Inkrafttreten ist von der Ratifikation des Young-Plans abhängig gemacht[18]. So sehr sich dieser und der mit Griechenland abgeschlossene Vertrag in der Einzelausgestaltung unterscheidet, so ist der gemeinsame Zug, der die beiden Abkommen

---

[10] Über die rechtliche Natur dieser Garantien vgl. unten den fünften Abschnitt.
[11] § 8 des ungarischen Vertrags.
[12] Art. 4 des litauischen Vertrags.
[13] Annex 2 zum jugoslawischen Vertrag.
[14] Schaff, l. c. S. 14.
[15] Zwischen Griechenland und Vertretern des Deutschen Reichs, Frankreichs, Großbritanniens, Italiens, Österreich-Ungarns und Rußlands war im Jahre 1889 ein Abkommen über die griechischen Anleihen geschlossen worden. Vgl. dazu Santis, l. c. S. 30 und 33.
[16] Diesen Vertrag hätte man genau so gut zum Guatemala-Typ rechnen können, wenn man von diesem einen Punkt absieht. Griechenland mußte zur Sicherung der Anleihe den Überschuß der unter Aufsicht der Internat. Finanzkommission gestellten Staatseinnahmen verpfänden. Vgl. Swenska, l. c. 1930, S. 8. Diese Klausel, wonach das Inkrafttreten des Abkommens von der Zustimmung anderer Staaten abhängig ist, rechtfertigt die Annahme eines besonderen Typs.
[17] Über die Vorgeschichte und Ausgestaltung des deutschen Monopols vgl. die ausführlichen Darlegungen von Schwandt, l. c. 1930, S. 41 ff.
[18] Vgl. § 5 des deutschen Vertrags: „Sind die zum Inkrafttreten des Young-Plans erforderlichen Ratifikationserklärungen nicht bis zum 31. Mai 1930 erfolgt, so bestehen für die Vertragsparteien keinerlei Verpflichtungen aus oder im Zusammenhang mit diesem Vertrag." Die ausführliche Darlegung der Beziehungen zwischen dem deutschen Kreuger-Vertrag und dem Young-Plan findet sich unten im Schlußabschnitt.

verbindet, von größerer Bedeutung: Die Beziehungen zwischen diesen Anleiheverträgen und anderweitigen völkerrechtlich festgelegten Finanzverpflichtungen.

c) Der Polen-Typ. Einzelnen Staaten ist es, gestützt auf ihre guten Finanzbeziehungen und unter Ausnutzung der Bedeutung ihres Staatsgebiets für Kreuger, gelungen, besondere Zugeständnisse vom Schwedentrust zu erhalten. So hat es Polen verstanden, sich außer der Anleihe und der Hälfte des Monopolgewinns über 12% die Zahlung von jährlich 5 Millionen Goldzloty zusichern zu lassen. Außerdem mußte sich Kreuger zur Modernisierung der Hälfte der polnischen Fabriken und zur unentgeldlichen Überlassung an den Staat nach Ablauf des Monopols verpflichten[19]. Ebenso erhält Polen die Hälfte des Reservekapitals und den aus Gewinnabschreibungen gebildeten Renovationsfonds.

Fast genau so günstig für den Staat sind die zwischen der Türkei und der „Fabrik des Allumettes en Flandres" 1925 und mit der American Turkish Investment Corp. im Jahre 1930 geschlossenen Verträge[20]. Jährliche Zahlungen an den Staat sind auch in den mit Rumänien[21] und mit Estland[22] abgeschlossenen Verträgen vereinbart. Nach Artikel 2 des litauischen Vertrags garantiert die Kreuger-Gesellschaft, daß nach Ablauf des Monopols genügend Fabriken in Litauen sind, die nach Qualität und Kapazität geeignet sind, den Bedarf des Landes zu decken. In diesem Zeitpunkt hat die Regierung auch noch das Recht nach eigener Wahl eine der Gesellschaft gehörige Fabrik zu übernehmen. Als Preis ist der dann noch nicht amortisierte Teil des Buchwertes vereinbart.

d) Der Danzig-Typ. Dieser Vertrag vereinigt in sich Abweichung vom Normal-Typ nach der positiven und negativen Seite. Danzig mußte sich zur Verpfändung der Zündholzsteuer für den Anleihedienst verstehen, es erhält jedoch auf der anderen Seite regelmäßige jährliche Zahlungen für die Überlassung des Zündwarenmonopols an Kreuger, abgesehen von der Danzig gewährten Anleihe[23]. Genau dieselbe Kombination findet sich in dem mit Bolivien abgeschlossenen Vertrag[24].

e) Der Peru-Typ. Dieser Vertrag stellt einen reinen Monopolvertrag dar. Der Staat erhält jährliche Zahlungen, die sich automatisch mit der Konsumsteigerung vergrößern. Jedoch hat Peru keine Anleihe erhalten. Da die im Land bestehende Fabrik auf Kreugers Wunsch hin stillgelegt wurde, konnte er sich mit einem Einfuhrmonopol zufriedengeben[25].

---

[19] Polen-Vertrag, Art. 22.
[20] Der erste Vertrag wurde aufgelöst, da die Gesellschaft ihren Verpflichtungen nicht nachkam. Die American Turkish Investment Corp. ist eine Tochtergesellschaft der vom Schwedischen Zündholztrust kontrollierten International Match Corp. Vgl. Bickerich, l. c. S. 1183, und Wickel, l. c. S. 62—64.
[21] Swenska, l. c. 1930, S. 10.
[22] Swenska, l. c. 1928, S. 3—4.
[23] Swenska, l. c. 1930, S. 10.
[24] Ebenda, S. 11.
[25] Schaff, l. c. S. 11—12.

f) **Der Frankreich-Typ.** Hier ist die Anleihe nicht mit der Monopolgewährung verbunden. Trotzdem Poincaré dieses Ziel begünstigte, konnte Kreuger diesen Plan in der französischen öffentlichen Meinung nicht durchsetzen. So wurde mit dem Anleiheabkommen nur ein Lieferungsvertrag verbunden. Darnach bezog die französische Monopolverwaltung von ihm die zur Zündholzfabrikation erforderlichen Rohstoffe und die zu ihrer Neuorganisation nötigen Maschinen. Außerdem konnte Kreuger die angesichts der russischen Konkurrenz für ihn wichtige Klausel durchsetzen, daß alle nach Frankreich importierten Zündhölzer vom Schwedentrust geliefert werden sollten[26]. Im Juni 1930 hat die französische Regierung diese Anleihe zurückbezahlt.

---

[26] Wickel, l. c. S. 87—92. Inzwischen hat Frankreich die Kreuger-Anleihe zurückgezahlt; Spezialarchiv, l. c. 28. Januar 1931. Merkwürdigerweise hat die französische Regierung, die hierüber in der Kammer interpelliert wurde, das Bestehen dieses Vertrages bestritten.

Zweiter Abschnitt.
# Abkommen ähnlichen Charakters.

Um ein Urteil über den rechtlichen Charakter der Kreuger-Verträge zu gewinnen, ist es zweckmäßig, sich an andere Vereinbarungen zwischen Staaten und Privatgesellschaften zu erinnern. Eine solche Gegenüberstellung kann davor bewahren, die Kontinuität zwischen den früheren Abmachungen und dem zu untersuchenden Vertragsmaterial zu übersehen. Es kommen einmal als besonders naheliegend die Konzessionsverträge in Betracht. Bei ihnen handelt es sich, wie bei der Übertragung der Monopolausübung, um Verleihung von Hoheitsrechten. Sodann sind die Kredit- und Anleiheverträge heranzuziehen.

Erstes Kapitel.
## Konzessionsverträge.

a) Besonders bekannt ist infolge der Intervention Großbritanniens der im Jahre 1836 zwischen der sizilianischen Regierung und einer französischen Gesellschaft abgeschlossene Vertrag. Danach erhielt diese das Handels- und Exportmonopol für Schwefel[1].

b) Von größtem politischen Interesse ist der Vertrag, den nach unwidersprochenen Zeitungsmeldungen[2] der polnische Staat mit der französischen Rüstungsfirma Schneider-Creuzot und der Bank „Pays du Nord" abgeschlossen hat. Er gleicht im Aufbau ganz den Kreuger-Abkommen. Polen erhält eine Anleihe von 1 Milliarde französischer Francs unter der Bedingung, daß diese Firmen die Konzession der neuen Eisenbahnlinie Oberschlesien—Gdingen auf 55 Jahre erhalten. Die Anleihe wird durch die Betriebseinnahmen und eine Hypothek auf die Bahn garantiert.

Zweites Kapitel.
## Kredit- und Anleiheverträge.

Die Kreditverträge unterscheiden sich nur dadurch von den Anleihen, daß im einen Falle ein typisches Darlehen gewährt wird, während im

---

[1] Bullington, l. c. S. 697—98.
[2] Berliner Tagblatt, M.-A. 11. Februar 1931 und Stuttgarter Tagblatt, A.-A. 2. April 1931.

anderen Fall bei der Begebung Schuldverschreibungen ausgestellt werden. Beide Erscheinungsformen sind heranzuziehen, weil bei den meisten Kreuger-Verträgen die Begebung der Schuldverschreibungen erst nach einer Sperrfrist erfolgt und vorher die Rechtsbeziehungen mehr denen von Kreditverträgen gleichen.

a) Kreditverträge. 1. Aus der Vorkriegszeit (1906) sei nur ein Vertrag erwähnt, das für die Kaffeevalorisation von J. Henry Schröder & Co. und der National City-Bank in New York an die Regierung von Sao Paulo gewährte Darlehen[3].

2. Das Deutsche Reich schloß im Sommer 1921 mit einer Gruppe englischer Banken auf Grund eines Getreide-Finanzierungsvertrags einen Kreditvertrag über 3 Millionen Pfund Sterling[4].

3. Im Jahre 1923 wurde zwischen der U.S.S.R., vertreten durch die Handelsvertretung in Berlin, und der Osteuropäischen Kreditbank A.-G. ein Vertrag über die Bevorschussung von deutschen Warenlieferungen nach Rußland geschlossen[5].

4. Zwischen dem Deutschen Reich und ausländischen Banken wurden 1931 Verträge über die Bevorschussung von Reichsbahn-Vorzugsaktien geschlossen.

b) Anleiheverträge. 1. Zwischen dem Komitee der peruanischen Anleihegläubiger und der peruanischen Regierung wurde im Jahre 1890 eine Anleihevereinbarung getroffen. Danach wurden den Gläubigern Guanolager, Bergwerke und Ländereien verpfändet und auf 66 Jahre die Kontrolle über die Staatseisenbahn eingeräumt[6].

2. Das bekannteste Beispiel dieser Reihe ist das Übereinkommen der türkischen Regierung mit den Vertretern der Anleihegläubiger in Deutschland, Frankreich, Großbritannien, Italien und Österreich-Ungarn. Dieser Vertrag bildet mit dem am 8. Dezember 1881 erlassenen Muharram-Dekret zusammen die Grundlage für die Regelung der türkischen Staatsschulden. Nach der Annullierung dieses Dekrets durch die türkische Nationalversammlung im Jahre 1924 kam es auf Grund neuer Verhandlungen am 27. Juli 1927 zu einem Abkommen zwischen der türkischen Regierung und den Gläubigerschutzverbänden[7].

---

[3] Schmidt, Fritz, l. c. S. 667.
[4] Lippert, l. c. S. 1030.
[5] Lippert, l. c. ebenda.
[6] Williams, l. c. 1924, S. 61. Ein ähnlicher Anleihevertrag wurde am 16. Juni 1922 zwischen der mexikanischen Regierung und ihren Anleihegläubigern geschlossen. Wortlaut bei Williams, l. c. 1924, S. 78—85.
[7] Zu der Frage der ottomanischen Staatsschulden vgl. Blaisdell, l. c.; Börsen- und Wirtschaftskalender, l. c. S. 60—61; Lippert, l. c. S. 1018; Strupp, l. c. 1928, S. 19—21.

3. Der zwischen der Diskonto-Gesellschaft und Bulgarien geschlossene Vertrag[8] ist in mehrfacher Beziehung von Interesse. Dieses Abkommen ist an zwei Bedingungen geknüpft, einmal an die Zustimmung der Interalliierten Kommission und die Genehmigung des Vertrags durch die Sobranje (V). Sodann ist vereinbart: „Für den Vertrag soll das Deutsche Recht maßgebend sein" (VII)[9].

4. Zwischen den Nachfolgestaaten Österreich-Ungarns und den Verbänden der Gläubiger von Vorkriegsanleihen wurden in den letzten Jahren verschiedene Abkommen über die Wiederaufnahme des Zinsendienstes geschlossen[10]. Der neueste dieser Verträge ist der zwischen Rumänien und Jugoslawien einerseits, Österreich, Italien, Polen, Tschechoslowakei und den Gläubigerverbänden andererseits geschlossene Vertrag über die Regelung der nicht sichergestellten Anleihen Österreich-Ungarns[11].

---

[8] Wortlaut in der Zeitschrift für ausländisches öffentliches Recht und Völkerrecht, Bd. 2, S. 324—327. Im Vertrag zwischen Rumänien und Schroeder vom 4. Juli 1928 findet sich unter 9. auch die schon bei den Kreuger-Verträgen beobachtete Suspensivbedingung, wonach bei Nichtannahme des Vertrags durch die Volksvertretung „the present Agreement shall at the option of Schröders by null and void".

[9] Über die Bedeutung dieser Klausel vgl. unten dritten Abschnitt, 2. Kap., und vierten Abschnitt.

[10] Vgl. Börsen- und Wirtschaftskalender, l. c. S. 55 ff.

[11] Berliner Tagblatt, A.-A. 20. Februar 1931.

Dritter Abschnitt.
# Qualifikation der Kreuger-Abkommen.

Erstes Kapitel.
## Normenkomplex oder Vertrag?

Dem Ziel der Arbeit entsprechend, zu einer unbefangenen rechtssystematischen Zuordnung der Kreuger-Abkommen zu gelangen, ist zunächst zu untersuchen, ob sie Rechtsgeschäfte darstellen, d. h. Akte, die nur in Beziehung auf unabhängig von ihnen geltende Normen rechtliche Wirkung erzeugen, oder ein wesenhaft auf sich selbst bezogenes Normensystem, einen Kreis objektiven Rechts eigener Art. Sieht man nur im Völkerrecht Koordinationsrecht, so fallen nur auf dieser obersten Stufe der Rechtsordnung Rechtssatz und Rechtsgeschäft zusammen. Von dieser Voraussetzung aus könnte eine Antwort daher erst dann gegeben werden, wenn die völker- oder landesrechtliche Natur dieser Verträge feststeht. Diese Betrachtungsweise ist jedoch nicht notwendig. Auch in einem Rechtskreis, der zu einem anderen Rechtskreis im Verhältnis der Abhängigkeit steht, kann in allerdings begrenzten Rahmen Recht gesetzt werden[1]. Insoweit ist auch das Privatrecht Koordinationsrecht und im Rahmen des zwingenden Rechts Rechtsetzung möglich. Mindestens aber läßt der Gesetzgeber eine Klammer offen, innerhalb deren die Parteien tun und lassen können, was ihnen beliebt[2]. Diese Auffassung bringt Artikel 1134 Code civil klar zum Ausdruck: „Les conventions légalement formées tiennent lieu de loi à ceux qui les ont faites." Das bedeutet, daß Vertragsparteien durch den Vertrag ebenso verpflichtet werden wie durch ein Gesetz. (Lex contractus.) Voraussetzung ist nur, daß sich der Vertrag im Rahmen des Gesetzes hält. Daraus ergibt sich, daß dem rechtsetzenden Charakter dieser Abkommen durch die Einordnung unter die Rubrik „Vertrag" kein Zwang angetan wird[3]. Ist dies klargestellt, so hat die Frage darüber hinaus nur noch terminologisches Interesse.

---

[1] Husserl, l. c. S. 32 u. 36.
[2] Gutzwiller, l. c. S. 1605.

## Zweites Kapitel.
# Völker- oder landesrechtlicher Vertrag?

Kann man davon ausgehen, daß die Kreuger-Abkommen Verträge sind, so sind diese zu qualifizieren und in das ihnen adäquate Rechtssystem einzugliedern. Damit ist das Kardinalproblem dieser Arbeit gestellt: Sind die Kreuger-Abkommen völker- oder landesrechtliche Verträge?

Es wäre methodisch falsch, diese Frage danach zu beantworten, wen man bisher in Theorie und Praxis als Subjekt des Völkerrechts angesehen hat[4]. Wenn bisher nur Staaten als Adressaten dieser Rechtsordnung angesehen worden sind, so ist damit noch gar nichts darüber ausgesagt, ob nicht eines der bisherigen Völkerrechtssubjekte mit dem Kreuger-Trust in Beziehungen gleicher Art treten und ihn damit in ihrem Verhältnis zueinander als Subjekt des Völkerrechts anerkennen will[5]. Nichts anderes besagt ja auch die Annahme „quasi" — völkerrechtlicher Beziehungen. Mit dieser Verlegenheitslösung soll angedeutet werden, daß auf ein Rechtsverhältnis Völkerrechtsnormen angewandt werden. Nur bekennen die Vertreter dieser Theorie mit dem davorgesetzten „quasi", daß es noch ein völkerrechtliches Allerheiligstes gibt, das den Staaten vorzubehalten ist, daß für andere Verhältnisse sachlich gleicher Art nur ein darumgelagerter Vorhof rechtlicher Beziehungen zur Verfügung steht. Geradeso wie bei der Bestimmung der Völkerrechtspersönlichkeit des Papstes durch Auslegung der Konkordate könnte auch die Völkerrechtssubjektivität des Kreuger-Trusts nur daraus gefolgert werden, daß sich aus den mit den einzelnen Staaten abgeschlossenen Verträgen seine Anerkennung als Normadressat des Völkerrechts ergibt[6].

---

[3] Vgl. Jèze. l. c. 1925, S. 120: „Dans les rapports de particulier à particulier on admet que la vente est un contrat et que la convention fait la loi des parties."

[4] Der bisherige Rechtszustand, wie er insbesondere durch die Haager Cour formuliert wurde, wird von Schmid, l. c. Nr. 28, dahin zusammengefaßt: „Rechtssubjekte des Völkerrechts sind die unabhängigen Staaten, welche Mitglieder der Völkerrechtsgemeinschaft sind." Vgl. dazu Haager Cour, Série A, 20, S. 41, und Bruns, l. c. 1929, S. 23 und 24.

[5] Anzilotti, l. c. 1929, S. 90, weist darauf hin, daß der Satz, nur Staaten seien Subjekte des Völkerrechts, von der positivistischen Schule gerade im Gegensatz zu naturrechtlichen Gedankengängen geprägt worden sei. „Die Art jedoch, wie dieser Satz behandelt wurde, schloß einen doppelten Irrtum in sich. Erstens und vor allem: statt zu beweisen, daß nur die Staaten Völkerrechtssubjekte sind, stellte man die Behauptung auf, daß sie allein es sein können."

[6] Infolge der bei dieser Frage oft beobachteten babylonischen Begriffsverwirrung sei hier wieder auf Anzilotti, l. c. 1929, S. 104 verwiesen: „Bestreitet man die Möglichkeit, die Konkordate als völkerrechtliche Verträge anzusehen, weil die katholische Kirche kein Subjekt des Völkerrechts ist, so ist das eine irrtümliche Umkehrung des Problems. Man kann den völkerrechtlichen Charakter der Konkordate nicht aus der völkerrechtlichen Persönlichkeit der Kirche herleiten; sondern die völkerrechtliche Rechtspersönlichkeit der Kirche muß dann zugegeben werden, wenn die Konkordate als der Völkerrechtsordnung zugehörig angesehen werden müssen." Darüber, daß die Völkerrechts-

Da sachlich gar kein Unterschied zwischen der Einordnung dieser Verträge ins Völker-[7] oder Quasivölkerrecht[8] besteht, so sollen die von den Vertretern dieser beiden Auffassungen vorgetragenen Gesichtspunkte gemeinsam besprochen werden.

Borchard[9] meint, der Gläubiger würde sich nie auf den unsicheren Zustand einlassen, der Gesetzgebung des Schuldnerstaats unterworfen zu sein. Dieses Risiko ist jedoch heute gar nicht mehr so groß für ihn, da nach herrschender Auffassung[10] jede Entziehung von wohlerworbenen Rechten ohne angemessene Entschädigung, ganz gleich, ob durch die Gesetzgebung oder eine sonstige Instanz, ein völkerrechtliches Delikt darstellt. Damit erwächst dem Heimatstaat des Gläubigers ein eigener völkerrechtlicher Anspruch[11], den er geltend machen kann oder nicht. Auf diese im Einzelfall zweifelhafte Hilfe seines Staates ist der Gläubiger jedoch genau im selben Maß angewiesen, wenn man, wie Borchard möchte, einen quasi-völkerrechtlichen Vertrag annimmt.

Borchard hält es auch nicht für wahrscheinlich, daß sich der Gläubiger dem Recht des Schuldnerstaates und seiner Gerichtsbarkeit unterwerfen will[12]. Aus dem Fehlen dieses Unterwerfungswillens auf Seiten des Gläubigers kann nicht geschlossen werden, daß auf den Vertrag Völkerrechtsnormen anzuwenden sind. Wenn im Vertrag nichts ausdrücklich vereinbart ist, so liegt die Annahme der Unterwerfung des Gläubigers unter das Landesrecht viel näher als die andere, daß der Schuldnerstaat den Gläubiger im Verhältnis zu sich als Völkerrechtssubjekt anerkennen

persönlichkeit nur durch Anerkennung entsteht und nur dem entgegengehalten werden kann, der die betreffende Wesenheit als Normadressat des Völkerrechts anerkannt hat, vgl. Anzilotti, l. c. 1929, S. 119 ff.; Schmid, l. c. Nr. 35: „Völkerrechtliche Eigenschaften können nur dem Staat rechtlich entgegengehalten werden, der sie anerkannt hat."

[7] Vattel, l. c., Buch 2, Kap. 14, § 214, vol. 1, S. 429: „Les conventions, les contrats que le Souverain fait avec des particuliers étrangers, en sa qualité de Souverain et au nom de l'Etat, suivent les règles que nous avons données pour les traités publics. En effet, quand un Souverain contracte avec des gens qui ne dépendent point de lui, ni de l'Etat, que ce soit avec un particulier ou avec une nation, avec un Souverain, cela ne produit aucune différence de droit."

[8] a) Williams, l. c. 1929, S. 258, Anm. 3, nimmt an, auf die Anleihe sei zwar nicht Völkerrecht im strengen Sinn, immerhin „extranational law" anzuwenden.

b) Borchard, l. c. 1922, S. 304—305 kommt zu dem Ergebnis: „it partakes of the nature of an international contract"; „the contract is however, by its nature under the protection of international law and is what Bluntschli called a quasi — international contract".

c) Freund, l. c. 1907, S. 60, und l. c. 1910, S. 23, ist der Ansicht, daß die im Ausland aufgelegte Anleihe quasi-völkerrechtlichen Normen unterstehe.

d) Ebenso Wilhelm Kaufmann, l. c., S. 157—158.

[9] Borchard, l. c., S. 304.

[10] Vgl. dazu unten den siebenten Abschnitt, Anmerkung 14, und achten Abschnitt unter d.

[11] Siehe unten den neunten Abschnitt.

[12] Borchard, l. c. S. 304.

will. Nichts anderes bedeutet ja, wie vorher zu zeigen versucht wurde, die Anwendung von Völkerrechtsnormen auf einen Vertrag zwischen einem Völkerrechtssubjekt und einem noch nicht in diesen Kreis gehörenden Partner. Im übrigen soll zum Beweis dessen, daß dieser Unterwerfungswille unter die Gerichtsbarkeit des Schuldnerstaats bei Verträgen dieser Art sehr häufig vorhanden ist, nur auf die Kreuger-Verträge selbst verwiesen werden. Sie sehen zum großen Teil Landesgerichte der Schuldnerstaaten zur Entscheidung von Vertragsstreitigkeiten vor[13]. In einem der zwischen dem Deutschen Reich und ausländischen Banken abgeschlossenen Verträge über die Bevorschussung der Reichsbahnvorzugsaktien wurde sogar auf Wunsch der Gläubiger ausdrücklich noch viel mehr, nämlich die Anwendung deutschen Rechts vereinbart[14].

Entscheidender ist ein anderer, von Vattel und Freund vorgebrachter Einwand[15], mit dem eine eingehende Auseinandersetzung erforderlich ist: „Die auswärtigen Gläubiger unterstehen nicht der Machtgewalt des Schuldnerstaates, der die im Staatsgebiet befindlichen Personen unterworfen sind. Die einzige rechtliche Beziehung, die zwischen ihm und ihnen besteht, ist der zwischen ihnen abgeschlossene Anleihevertrag. Sonach sind sie dem Privatrecht des Schuldners nicht unterworfen. Aber auch nach internationalem Privatrecht können die für das vorliegende Rechtsverhältnis geltenden Normen nicht bestimmt werden, denn seine Grundsätze bilden einen Teil des inländischen Privatrechts." Diese Auffassung versucht die quasi-völkerrechtliche Natur der Anleihe damit zu beweisen, daß sie auf die Unmöglichkeit eines privatrechtlichen Vertrags mit disnationalen Elementen abstellt. Diese negative Beweisführung leidet nur daran, daß sie zu viel beweisen würde. Wäre sie richtig, so könnte auch der zwischen einem Deutschen und Franzosen abgeschlossene Kaufvertrag nicht nach privatrechtlichen und internationalprivatrechtlichen Normen beurteilt werden. Damit leugnet Freund, ohne diese Konsequenz ziehen zu wollen, die Geltung von Verträgen mit fremdstaatlichen Elementen. Diese Frage, die für das International-Privatrecht noch kaum behandelt ist, muß geklärt werden. Nur dann ist auch theoretisch-dogmatisch eine freie Wahl zwischen der Einordnung der Anleiheverträge ins Völker- oder Landesrecht möglich, wenn es gelingt, den Geltungsgrund von Verträgen mit disnationalen Elementen aufzuzeigen. „Ein Vertrag ohne fremdstaatliches Element, bei dem also alle Anknüpfungspunkte unter der Herrschaft eines einzigen Rechts stehen, verdankt seine Geltung (die Möglichkeit der Anrufung staatlichen Zwangs) dem ‚dispositiven

---

[13] Vgl. dazu unten den sechsten Abschnitt.

[14] „Dieser Vertrag unterliegt in jeder Beziehung dem deutschen Recht, das auch für die Auslegung maßgebend ist." Vgl. unten Anm. 25.

[15] Freund, l. c. 1910, S. 14—16; ebenso Vattel an der oben Anm. 7 zitierten Stelle: „quand un Souverain contracte avec des gens qui ne dépendent point de lui, ni de l'Etat."

Rechtssatz', d. h. einem der einzelnen Rechtsordnung immanenten Satz, der den Abmachungen von Privaten in den Schranken des zwingenden Rechts Rechtsschutz gewährt, sie zu ‚Verträgen' macht. Träger dieser Norm ist der Staat, das übergeordnete Gemeinwesen." Neumann[16], der so dieses Problem umreißt, bestreitet bei Abmachungen zwischen Angehörigen verschiedener Staaten eine solch gemeinsame Subordination. Im Völkerrecht vermag er die Quelle einer solchen wechselseitigen Gebundenheit nicht zu finden, weil dessen Wesen „die Erteilung von dispositiver Rechtsmacht an den einzelnen für die Privatrechtssphäre durch die Völkerrechtsgemeinschaft ohne Vermittlung eines Staates widerspricht"[17]. So richtig dieser Satz ist, so wenig sagt er darüber aus, ob die Staaten nicht dem Einzelnen diese Rechtsmacht erteilen können und müssen in Erfüllung von Pflichten, die sich aus dem Wesen der Völkerrechtsgemeinschaft selbst ergeben. Unter Berücksichtigung eines weiten Ermessensspielraums bei der Ausgestaltung ihrer Internationalprivatrechtsnormen besteht heute keine vollkommene Unabhängigkeit der Staaten mehr in bezug auf die Normierung zwischenstaatlicher Beziehungen[18]. Die Staaten, die man als „zivilisierte" oder „bürgerliche Rechtsstaaten" zu bezeichnen pflegt, bilden, wie das Reichsgericht sich ausdrückt[19], eine „in der Neuzeit immer mehr anerkannte Kultur- und Rechtsgemeinschaft", die Völkerrechtsgemeinschaft, „auf der überhaupt der Gedanke des internationalen Privatrechts beruht". Diese stellt nicht nur eine Tatsache dar, vielmehr folgen aus ihrem Bestand, wenn man einmal diesen Bestand will, Rechte und Pflichten der in der Völkerrechtsgemeinschaft zusammengeschlossenen Staaten, die sich aus deren Struktur ergeben. Dazu gehört als eine der elementarsten Voraussetzungen einer Rechtsgemeinschaft der Satz, den Verträgen Angehöriger von Staaten, die sich zur Völkerrechtsgemeinschaft zählen, in einem im Ermessen des Landesrechts liegenden Rahmen Rechtsschutz zu gewähren. Träger dieses Satzes ist die Völkerrechtsgemeinschaft selbst. Bestehen demnach nach dieser Seite keine Bedenken mehr, die Anwendung landesrechtlicher Normen auf die Kreuger-Verträge für möglich zu halten, so kann die letzte Entscheidung sich nur aus den Verträgen selbst heraus ergeben.

Die Formalien der Verträge, die man wenigstens als vorsichtig zu wertende Indizien heranziehen darf, sind insofern interessant, als die Verträge nur vom Finanzminister der Schuldnerstaaten unterzeichnet

---

[16] Neumann, l. c. S. 148—149, Anm. 2.
[17] Neumann, ebenda S. 73—74.
[18] Gutzwiller, l. c. S. 1554—1555.
[19] R.G.Z. 80, S. 264 ff.; zuerst zitiert bei Gutzwiller, l. c. S. 1557, N. 1. Vgl. auch Husserl, l. c. S. 148. Dort ist allerdings nur von der Geltung des inländischen Rechts gegenüber im Land befindlichen Ausländern die Rede. „Der Grund der Rechtskreiserweiterung ist also hier eine wechselseitige völkerrechtliche Bindung der auf dem gemeinsamen Boden einer kulturellen Interessengemeinschaft stehenden Staaten."

sind[20]. Würde es sich um einen völkerrechtlichen Vertrag handeln, so würde eine Unterzeichnung durch den Außenminister um so näher liegen, wenn der Vertragspartner dadurch im Verhältnis zu dem betreffenden Staat zum Völkerrechtssubjekt erhoben werden soll. Hier greift zugunsten des bestehenden Zustands, wonach Privatpersonen nicht Adressaten von Völkerrechtsnormen sind, der von Vattel formulierte Auslegungssatz ein: „On doit mettre encore au nombre des choses odieuses tout ce qui va à changer l'état présent des choses."[21]

Weiter ist zu berücksichtigen, daß in den Verträgen von den Schuldverschreibungen die Rede ist, die von dem betreffenden Schuldnerstaat auszustellen sind. Dafür hat das Völkerrecht noch keine ins einzelne gehende Regeln entwickelt, während sich in den Landesrechten aller Rechtsstaaten darüber eingehende und differenzierte Regeln des Gewohnheits- oder Gesetzesrechtes finden[22].

Im deutschen Vertrag findet sich noch ein weiterer Anhaltspunkt, der für die Anwendung landesrechtlicher Normen spricht. In § 7 dieses Vertrags ist als Sondergericht zur endgültigen Entscheidung von Streitigkeiten zwischen den Vertragsparteien das Reichsgericht bestimmt. Zunächst ist wichtig, festzuhalten, daß man das Gericht nicht als Schiedsgericht bezeichnet hat. Wie wenig man auf deutscher Seite an ein völkerrechtliches Schiedsgericht gedacht hat, geht aus der Begründung des Monopolgesetzes hervor[23]. Man habe, heißt es dort, deshalb nicht die Bezeichnung „Schiedsgericht" gewählt, um nicht den Eindruck zu erwecken, als ob man nur ein Schiedsgericht im Sinne der Zivilprozeßordnung mit dessen gegenüber ordentlichen Gerichten beschränkten Befugnissen wolle. Wichtiger ist, daß man das Gericht als Sondergericht bezeichnet hat. Der Vertrag ist in deutscher Sprache abgefaßt und deshalb hat sich jede Auslegung an die Übung dieser Sprache zu halten[24].

---

[20] Bei dem zwischen Kreuger und Litauen abgeschlossenen Vertrag hat der Ministerpräsident unterschrieben, da er gleichzeitig Finanzminister war. Im deutschen Vertrag hat der Finanzminister auch für den Wirtschaftsminister unterzeichnet. Auf Grund einer amtlichen Bekanntmachung wurde in der Presse mitgeteilt, daß am 21. Oktober 1929 ein Vorvertrag paraphiert worden sei; Berliner Börsen-Zeitung, 22. Oktober 1929. Daraus läßt sich nichts schließen, wenn auch im Börsen-Kurier vom 22. Oktober 1929 zu lesen ist, der Vertrag „sei nach hohem Diplomatenbrauch mit den Anfangsbuchstaben der Namen versehen worden". Diese Paraphierung bekundet nur, daß insoweit an dem Vertrag nichts geändert werden soll. Sie dient zweckmäßigerweise dazu, klarzulegen, worüber sich die Parteien geeinigt haben. Diese Form hat zwar ihren Ausgangspunkt im völkerrechtlichen Verkehr, ist aber nicht sein Privileg.

[21] Vattel, l. c. Buch 2, Kap. 17, § 305, vol. 1, S. 498—99.

[22] Vgl. dazu Görtz, l. c. S. 79.

[23] Reichstagsdrucksache, 4. Wahlperiode, 1928, Nr. 1572, S. 21.

[24] Vattel, l. c. Buch 2, Kap. 17, § 276, vol. 1, S. 470; Schmid, l. c. Nr. 17: „Der Sinn der in einem Vertrag enthaltenen Begriffe ist aus der Sprache, in welcher der Vertrag abgefaßt ist, heraus festzustellen." Ebenso die Haager Cour, Série B, Nr. 10, S. 18, und Gutzwiller, l. c. S. 1614.

Gerade der hier zu untersuchende Begriff ist in der deutschen Rechtssprache fest umrissen. Sondergerichte sind, gemäß § 13 Gerichtsverfassungsgesetz, Gerichte zur Entscheidung von bürgerlichen Rechtsstreitigkeiten und Strafsachen, für die in genau festgelegtem Umfang durch Reichsgesetz den ordentlichen Gerichten die Zuständigkeit entzogen ist. Auch daraus folgt, daß dieses Gericht nicht zur Entscheidung völkerrechtlicher Streitigkeiten bestimmt ist. Wer Bedenken gegen diese Auslegung eines technischen Ausdrucks hat, sei an den Satz von Vattel erinnert: „Les termes techniques ou les termes propres aux arts et aux sciences, doivent ordinairement s'interpréter suivant la définition qu'en donnent les maîtres de l'art, les personnnes versées dans la connoissance de l'art ou la science à laquelle les termes appartient."[24]

So führt die Vertragsauslegung dazu, den landesrechtlichen Charakter der Kreuger-Verträge zu bejahen. Dieses Ergebnis bestätigt einmal Art. 36 Ziffer 3 des zwischen Kreuger und Polen abgeschlossenen Vertrages, wo ausdrücklich die Anwendung polnischen Rechts vorgesehen ist[25], sodann die Entscheidung der Haager Cour im französisch-serbischen Anleihestreit. Dort heißt es ausdrücklich[26]:

„Elles concernent donc exclusivement des rapports entre l'Etat emprunteur et des personnes privées, c'est à dire des rapports qui par eux-mêmes sont du domaine du droit interne."[26]

Anzuwenden sind die Normen, die zur Zeit des Streitfalls gelten. Nur sie stellen in dieser konkreten Situation das Landesrecht dar. Es kann sich keine Partei darauf berufen, das zur Zeit des Vertragsabschlusses geltende Recht sei dem Vertrag zugrunde zu legen. Wie bei allen anderen Rechtsverhältnissen privat- oder öffentlich-rechtlicher Art schützt die Parteien gegen Gesetzesänderungen, die in ihre wohlerworbenen Rechte eingreifen, nur die Entschädigungspflicht bei Enteignung und der Grundsatz der wohlerworbenen Rechte.

---

[25] Damit kommen wir aus den im Text dargelegten allgemeinen Erwägungen zu einem Ergebnis, das in drei zugänglichen Abkommen ausdrücklich niedergelegt ist.

a) In dem oben zu Anm. 14 angeführten Abkommen zwischen dem Deutschen Reich und einer ausländischen Bankiergruppe ist ausdrücklich auf Wunsch der Gläubiger die Anwendung deutschen Rechts auf den Vertrag vereinbart worden.

b) In dem Vertrag zwischen Bulgarien und der Diskonto-Gesellschaft ist unter 7. vereinbart: „Für den Vertrag soll das deutsche Recht maßgebend sein, Zeitschrift für ausländisches öffentliches Recht und Völkerrecht, Bd. 2, S. 327.

c) In dem bei Moore, l. c. 1906, Bd. 6, S. 294, zitierten Abkommen zwischen der Intercontinental Telephone Company, einer Gesellschaft aus New Jersey, und der Regierung von Venezuela ist in Art. 8 vereinbart: „Any doubts or disputes that may arise by reason of contract shall be decided by the courts of the Republic in conformity with its laws."

[26] Haager Cour, Série A, Nr. 20—21, S. 18; ebenso dort die opinions dissidentes von M. de Bustamento, S. 52, und von M. Novacowitch, S. 79. Ebenso verweisen die Anleihe ins Privatrecht Decencière-Ferrandière, l. c. S. 172; Liszt-Fleischmann, l. c. S. 272, Anm. 5; Meili, l. c. S. 8; Politis, l. c. 1895, S. 163; Pflug, l. c. S. 16.

## Drittes Kapitel.
# Ehrenschuld oder rechtsverbindlicher Vertrag?

Je mehr sich die Qualifikation der Anleihen konkretisiert, desto mehr gehen die Auffassungen auseinander. Die Verfechter der verschiedenen Theorien beginnen im Eifer des Gefechts die juristische Diskussionsebene zu verlassen, und sie suchen die irrationalen Kräfte zu erforschen, die den Gegner zu seiner wissenschaftlichen These geführt haben[27]. Eine derartige Haltung ist nicht nur unwissenschaftlich, sondern, was schlimmer ist, unpolitisch. Gerade am Beispiel Deutschlands hat sich gezeigt, wie rasch sich die Interessenlage eines Staates in sein Gegenteil wandeln kann. Den einzig wirklichen Dienst, den eine solche Untersuchung dem eigenen Staat erweisen kann und soll, ist der, klar zu erkennen, was ist. Seine Politiker haben dann in künftigen Fällen die Möglichkeit, sich zu überlegen, ob ihnen die durch einen solchen Vertrag in Aussicht gestellten Vorteile die Eingehung von ähnlichen Bindungen lohnend erscheinen lassen[28].

Von bedeutenden Männern der Praxis und Wissenschaft wie Drago, Sir Jessel und Politis wird die Auffassung vertreten, Anleihen seien nur Ehrenschulden. Drago, der diese Lehre eingehend entwickelt, führt zur Begründung an:

1. Die Ausgabe der Anleihe sei ein Souveränitätsakt[29].

2. Zwischen dem die Schuldverschreibungen ausgebenden Staat und deren ihm unbekannten Käufern bestehe mangels genügender Bestimmbarkeit keine rechtliche Beziehung[30].

3. Die Anleihe sei ein Risikogeschäft eigener Art[31].

4. Kein Gerichtshof sei zur Entscheidung von derartigen Streitigkeiten zuständig[32].

Der erste Punkt erledigt sich damit, daß Drago genau wie Politis und Decencière[33] den Vertragsabschluß selbst und die gesetzliche Ermächti-

---

[27] Nur zwei Beispiele dieser „Seelen"-Forschung seien erwähnt. Santis, l. c., S. 51: „Die Anhänger der zweiten Theorie (Vertragstheorie) sind meist Deutsche." „Die deutschen Anhänger haben, wie Manes in seinem umfassenden Werk sehr richtig erwähnt (l. c. 1922, S. 173—174), es lediglich für wünschenswert oder erforderlich gehalten, Deutsche als Auslandsgläubiger zu schützen." Ebenso freundlich sind die Bemerkungen von Meili, l. c. S. 17, Anm. 1: „Vielleicht hat aber doch die griechische Nationalität des Verfassers (Politis) auf seine juristische Überzeugung eine gewisse Reflexwirkung ausgeübt oder einen kleinen Schatten darauf geworfen."

[28] Auch muß man sich darüber klar sein, daß jede allzu starke Beschneidung der Gläubigerrechte nur die Folge hat, der Anleihe den Charakter eines Risikogeschäftes zu geben und auch eine übermäßige Zinsenbelastung gerade mit Hinweis auf die rechtliche Unsicherheit des Anleihevertrags vor der Öffentlichkeit zu legitimieren.

[29] Drago, l. c. S. 262.
[30] Drago, l. c. S. 258.
[31] Drago, l. c. S. 264.
[32] Drago, l. c. S. 260.
[33] Politis, l. c. 1894, S. 42; Decencière, l. c. S. 179.

gung der Regierung zu ihm, die doch nur im Innenverhältnis von ihr zum Parlament Bedeutung hat, durcheinanderwirft. Wenn der Fiskus mit einem ausländischen Bankier eine Anleihe abschließt, so nicht kraft eines Souveränitätsaktes, sondern kraft der Willensübereinstimmung beider Teile, d. h. kraft Vertrags[34].

Zum zweiten Punkt ist zu bemerken, daß im vorliegenden Fall Verträge mit den Kreuger-Gesellschaften als individuell feststehenden Partnern der Anleihebegebung vorausgehen, aber auch sonst in der Regel bei der Begebung einer Anleihe ein entsprechender Vertrag zwischen dem Schuldnerstaat und dem die Begebung vermittelnden Bankhaus geschlossen wird. Jedoch auch nach der Weiterbegebung ist eine rechtliche Bindung in Form einer Daueroferte an den unbekannten Käufer der Bonds anzunehmen. Sonst käme man zu einer sachlich nicht gerechtfertigten Unterscheidung zwischen Inhaber- und Rektapapieren, bei denen auch Drago die genügende Bestimmbarkeit des Vertragsgegners nicht leugnen könnte[35].

Zur Stützung seiner Auffassung vom Risikogeschäft verweist Drago auf einen Ausspruch von Sir Henry Campbell Bannerman im englischen Unterhaus: „Wer sein Geld in ein Land wie Venezuela steckt, weiß ganz genau, was er tut"[36]. Ebenso könnte man die Note von Palmerston[37] aus dem Jahre 1848 heranziehen, wo auch der Gedanke zum Ausdruck kommt, daß die Anleihe ein Spekulationsgeschäft sein kann. Er zieht daraus den Schluß, nur „Governments of known good faith and of ascertained solvency" Anleihen zu gewähren. Gerade deshalb, weil der Spekulationscharakter so ganz von der Lage des Einzelfalles abhängt, läßt sich daraus keine Erkenntnis für das Wesen der Anleihe als solcher ableiten. So wenig ein Kauf oder ein Darlehen durch die schlechten finanziellen Verhältnisse des Schuldners zu einem Geschäft eigener Art wird, ebensowenig ist aus diesem Grunde allein die Anleihe den Risikogeschäften zuzuzählen.

Bei seinem letzten Argument, Ablehnung der Rechtsverbindlichkeit wegen Fehlens gerichtlicher Instanzen, findet Drago die Unterstützung von Sir Jessel[38] und Politis[39]. Dieser Gesichtspunkt schlägt bei den

---

[34] Williams, l. c. 1924, S. 24—25.
[35] Vgl. dazu die Ansicht der Cour in Série A, Nr. 20, S. 39, unten Anmerkung 55.
Moulin, l. c. S. 427, will nur dann einen zivilrechtlichen Vertrag annehmen, wenn vor der Begebung zwischen dem Staat und der emittierenden Bank eine Vereinbarung getroffen wurde. Über die Sinnlosigkeit einer solchen Unterscheidung vgl. das im Text Gesagte.
[36] Drago, l. c. S. 264.
[37] Manes, l. c. S. 276.
[38] Jessel, l. c. S. 616: „As I understand the law, the municipal law of this country does not enable the tribunals of this country to exercise any jurisdiction over foreign governments as such. Nor, so far as I am aware, is there any international tribunal which exercises any such jurisdiction. The result, therefore, is that these so—called

Kreuger-Verträgen nicht mehr durch, weil hier überall gerichtliche Instanzen zur Erledigung von Vertragsstreitigkeiten vorgesehen sind. Aber selbst unterstellt, diese wären nicht vorhanden, so hängt die rechtliche Verbindlichkeit eines Anleihevertrags so wenig vom Vorhandensein konkreter Gerichte ab, wie die Existenz eines völkerrechtlichen Vertrags vom Bestand der Haager Cour.

Keiner der für diese Auffassung ins Treffen geführten Gründe kann kritischer Betrachtung standhalten. Wuarin bemerkt zu dieser Theorie sehr richtig: „Si nous adoptions la proposition de Politis, il faudrait admettre que, vu la fréquence des faillites d'Etat il y a bien peu de gouvernements à l'honneur desquels on puisse se remettre. Or, nous ne considérons pas toujours une faillite comme un déshonneur."[40]

Trotz all dieser Mängel steckt in diesen Auffassungen ein richtiger Kern. Dieser kommt bei Santis klar zum Ausdruck. „Wir können nicht eine Auffassung ernst nehmen, die den Untergang eines Staates seinem Bankerott vorzieht." Der Fehler, der von diesen Autoren gemacht wurde, besteht darin, daß sie die Rechtsverbindlichkeit der Anleiheverpflichtungen leugnen, anstatt bei der Analyse des Staatsbankerotts ihre richtigen Gedanken vorzubringen[41].

## Viertes Kapitel.
# Öffentlich- oder privatrechtlicher Vertrag?

Die weitere Zuordnung ins öffentliche oder private Recht kann nur vom Standpunkt des jeweiligen nationalen Rechtssystems aus vorgenommen werden.

Nur muß man sich vor dem Irrtum hüten, es handle sich unter allen Umständen um öffentlich-rechtliche Verträge, weil in ihnen der Inhalt des zu erlassenden Monopolgesetzes oft bis in die letzten Einzelheiten hinein niedergelegt ist. Wie schon oben gezeigt wurde, haben die Schuldnerstaaten auch bei der äußerlichen Formulierung Wert darauf gelegt, den Anschein zu vermeiden, als ob das Monopol eine in synallagmatischem Zusammenhang mit der Anleihegewährung stehende Gegenleistung für die Anleihe darstelle[42]. Immer sind der Erlaß des Monopolgesetzes und etwa vereinbarter Normen über Steuerbefreiungen als aufschiebende Be-

---

bonds amount to nothing more than engagements of honour." Vgl. auch Williams, l. c. 1929, S. 297.

[39] Politis, l. c. 1894, S. 16: „Ce n'est pas une obligation civile proprement dite, qui naît à sa charge, puisqu'on manque d'action, puisque tous les moyens de droit ordinaire font défaut au créancier."

[40] Wuarin, l. c. S. 39; ebenso Freund, l. c. 1907, S. 57, gegen Ehrenschuld und Risikogeschäft; van Daehne, l. c. S. 14.

[41] Santis, l. c. S. 51; ebenso Wuarin, l. c. S. 34: „Celui-ci paiera, s'il estime pouvoir le faire en considération de ses ressources et de son intérêt le plus immédiat." Vgl. dazu unten siebten Abschnitt, 1. Kap.

[42] Vgl. oben ersten Abschnitt, 1. Kap. und Anm. 7 dazu.

dingung gefaßt, an deren Eintritt die Vertragswirksamkeit geknüpft ist. Fällt diese Bedingung aus, so bestehen für die Vertragsparteien keinerlei Rechte und Pflichten aus dem Vertrag[43]. Durch die Einfügung einer solchen Bedingung wird über die Zuteilung eines Vertrags ins Gebiet des privaten oder öffentlichen Rechts nichts ausgesagt. Denn auch ein privatrechtlicher Vertrag kann an jede beliebige Bedingung geknüpft sein, die nicht dem Gesetz oder den guten Sitten widerspricht.

Entsprechend der Praxis der französischen Gesetzgebung und Rechtsprechung vertritt Jèze den Standpunkt, daß im französischen Recht der Anleihevertrag zu den contrats administratifs gehört[44].

In anderen Rechtsordnungen, wie z. B. dem deutschen Recht, scheint die Einordnung der Anleihen in das private Rechtssystem viel eher am Platze zu sein, weil es unmittelbarer als das öffentliche Recht Normen für die Regelung derartiger Interessenlagen den Parteien zur Verfügung stellt.

Hier ist der Ort, um sich mit Strupp zu befassen. Auch er geht davon aus, daß die Anleihe ein privatrechtlicher Vertrag ist[45]. Nur unterscheidet sie sich seiner Ansicht nach dadurch von anderen Verträgen des Privatrechts, daß „dem Staat die Befugnis zur Abänderung dieses Vertrags im Weg der Gesetzgebung"[46] zustehe. Diese These stellt eine contradictio in adjecto dar. Das Wesen des Vertrags besteht doch eben darin, daß eine einseitige Einwirkung auf seinen Bestand ausgeschlossen ist. Dabei sind bei allen Verträgen anzutreffende besondere Situationen auszuscheiden, von denen auch Strupp ausdrücklich absieht[47]. Er verwendet diese angebliche einseitige Einwirkungsmöglichkeit von seiten des Staates dazu, um die Anleihe als Vertragstyp von anderen Verträgen zu sondern. Sie stellt nach ihm einen Vertragstyp dar, der vom einen Teil in einem bestimmten Verfahren geändert werden kann. Erweckt schon dieser begriffliche Widerspruch Bedenken, so noch mehr das Unterscheidungskriterium selbst. Zur Begründung dessen, daß eine nachträgliche Änderung des Anleihevertrags möglich sein soll, beruft sich Strupp auf die Grundsätze der lex posterior[48], der Allmacht des Staates[49] und der Nichtbevorzugung von Ausländern gegenüber Inländern[50]. Eine solche Eingriffsmöglichkeit des Staates in wohlerworbene Privatrechte — denn auch nach Strupp handelt es sich, wie noch einmal betont sei, um einen privat-

---

[43] Vgl. § 5 des deutschen, Art. 12 des litauischen, § 16 des lettischen und § 10 des ungarischen Vertrags.

[44] Jèze, l. c. Paris 1927, S. 129; er zitert, S. 130, Gesetze vom 17. Juli 1790 und 26. September 1793, wo es heißt: „toutes les créances sur l'Etat seront réglées administrativement." Ebenda auf S. 131 findet sich auch die französische Rechtsprechung zu dieser Frage.

[45] Strupp, l. c. Intervention 1928, S. 57.

[46] Ebenda S. 56.

[47] Ebenda S. 55; vgl. dazu unten den siebten und achten Abschnitt.

[48] Ebenda S. 56.

[49] Ebenda S. 59.

[50] Ebenda S. 58.

rechtlichen Vertrag — ist auch bei anderen Vertragstypen des Privatrechts nicht unbekannt. Dabei ist es gleichgültig, ob der Staat selbst Vertragspartei ist oder von außen in eine solche Beziehung eingreift. Auch dort beruft man sich auf die von Strupp angeführten allgemeinen Gesichtspunkte, und man nennt dieses Rechtsinstitut — Enteignung. Strupp scheidet also dadurch die Anleihe von anderen Privatrechtsverhältnissen, daß er die bei allen Verträgen mögliche Enteignung als besondere Klausel der Definition der Anleihe anfügt und damit zu einem in Wirklichkeit nicht vorhandenen Unterscheidungskriterium gelangt[51]. Auch nach dieser Richtung besteht also keine grundsätzliche Besonderheit der Anleihe gegenüber sonstigen Privatrechtsverhältnissen.

Fünftes Kapitel.
# Kauf oder Darlehen?

Diese Frage kann nicht mit einem Entweder — Oder beantwortet werden. Die in der bisherigen Literatur übliche scharfe Gegenüberstellung[52] ist bedingt durch die falsche Auffassung über das Darlehen. Dieses wird zumeist als einseitiger Vertrag und, was besonders irreführend ist, als Realvertrag angesehen[53].

Solange die Kreuger-Gesellschaften während der in den meisten Verträgen vorgesehenen Sperrjahre im Besitz aller Obligationen sind, entspricht der Interessenlage beider Parteien am ehesten die Anwendung der Darlehensvorschriften[54]. Nach der Emission der Anleihe regeln sich die Rechtsbeziehungen zwischen dem Staat und den Inhabern der Bonds am zweckmäßigsten nach den Normen des Wertpapierrechts[55].

---

[51] Man kann auch nicht einwenden, in diesem Fall sei im Gegensatz zu sonstigen Fällen ein entschädigungsloser Eingriff möglich. Entweder hält man die Rechtsprechung des R.G. und der Haager Cour über die Entschädigungspflicht auch bei gesetzgeberischen Eingriffen für richtig, dann handelt es sich auch in diesem Fall um eine Entschädigungspflicht wegen Eingriffs in wohlerworbene Privatrechte. Oder diese Rechtsprechung ist falsch, dann ist auch bei Gesetzgebungseingriffen in andere Privatrechtsverhältnisse keine Entschädigung zu zahlen. Wie man auch die Entscheidung trifft, auf alle Fälle läßt sich aus der Möglichkeit eines nachträglichen Eingreifens der Legislative kein Unterschied zwischen der Anleihe und anderen Rechtsverhältnissen des Zivilrechts ableiten.

[52] Freund, l. c. 1907, S. 78—79; Bouché, l. c. S. 14; Laband, l. c. S. 199; Pflug, l. c. S. 16; Görtz, l. c. S. 52—57.

[53] Vgl. dazu Heck, l. c. S. 326—328; Freund, l. c. 1907, S. 70, und Wuarin, l. c. S. 22—23, nehmen einen Realvertrag an.

[54] In Art. 4 des litauischen und § 1 des lettischen Vertrags ist vom Kauf der Obligationen die Rede. Eine solche von den Parteien gewählte Bezeichnung, die auch eine falsa denominatio sein kann, ist für die Qualifikation nicht verbindlich.

[55] Dies kommt klar in der Entscheidung der Haager Cour, Série A, Nr. 20, S. 39 zum Ausdruck: „On peut également observer que le contrat entre emprunteur et prêteur est incorporé dans des titres au porteur qui donnent à ce dernier le droit de réclamer, en vertu de sa seule situation de porteur, tous les droits énoncés dans le titre."

Vierter Abschnitt.

# Das auf die Kreuger-Verträge anzuwendende nationale Recht.

Über das anzuwendende Recht findet sich nur in dem zwischen Kreuger und Polen abgeschlossenen Vertrag* eine ausdrückliche Vereinbarung. Da in einem Teil der Verträge nicht nur Schiedsgerichte zur Entscheidung von Streitigkeiten, sondern ordentliche bzw. Sondergerichte vorgesehen sind, könnte man darin ein Indiz sehen, aus der Unterwerfung unter die Gerichte des Schuldnerstaats auf die Unterwerfung unter sein Recht zu schließen. Da aber die Rechtsprechung in der Auswertung dieses Anhaltspunktes nicht einheitlich ist[1], so muß das anzuwendende Recht nach allgemeinen Gesichtspunkten festgestellt werden[2]. Die Grundsätze hierüber sind durch Wissenschaft und Rechtsprechung entwickelt worden.

Das Recht am Ort des Vertragsabschlusses, das nach Auffassung des deutsch-rumänischen Schiedsgerichts[3] bei Fehlen eines sonstigen Anhaltspunktes auf Schuldverhältnisse im allgemeinen und nach anglo-amerikanischer Praxis insbesondere auf Anleiheverträge anzuwenden ist[4], scheidet aus zwei Gründen aus. Einmal läßt einen dieser Anknüpfungspunkt bei Verträgen unter Abwesenden im Stich, und dann spielt bei ihm der Zufall eine zu große Rolle[5].

---

\* Vgl. oben S. 15.

[1] Lewald, l. c. S. 211.

[2] Für den deutschen Kreuger-Vertrag ergibt sich eine Besonderheit auf Grund des § 1, Abs. 8. Dort ist festgelegt, daß „bei der Durchführung des Vertrags die für die Reichsschuldenverwaltung aus den deutschen Gesetzen sich ergebenden Rechte und Pflichten zu beachten" sind. Danach ist auch bei engster Auslegung dieser Bestimmung mindestens die Reichsschuldenordnung bei Streitigkeiten zwischen den Parteien anzuwenden. (R.G.Bl. 1924, T. 1, S. 95—100). Dort ist in § 9 von den gegen das Reich zulässigen Einwendungen, in § 12—14 von den Voraussetzungen für die Erteilung neuer und der Kraftloserklärung abhanden gekommener Urkunden die Rede, in § 21 vom Ausschluß der Umwandlung in eine Buchschuld wegen vertraglicher Tilgungspflicht. Daraus ergibt sich mindestens für einen Teil der rechtlichen Pflichten aus dem Vertrag die vereinbarungsgemäße Anwendung deutschen Rechts.

[3] Recueil d. t. a. m., Bd. 5, S. 213; Bd. 7, S. 745. Ebenso Strupp, l. c. 1928, S. 59, und Vattel, l. c. B. 2, Kap. 8, § 103, vol. 1, S. 330.

[4] Görtz, l. c. S. 212.

[5] Gutzwiller, l. c. S. 1606—1607; Lewald, l. c. S. 224; Haager Cour, Série A, Nr. 20, S. 42—43.

Ebensowenig befriedigt die deutsche Praxis, die im Anschluß an Savigny das Recht des Erfüllungsorts anwendet[6]. Dieser Begriff muß selbst erst wieder einer Rechtsordnung entnommen werden, und er ist bei Pflichten, die auf Unterlassung gehen oder an mehreren Orten zu erfüllen sind, schwer festzustellen[7].

So bleibt als einziger Anknüpfungspunkt, der von diesen Mängeln frei ist, das Recht des Schuldnerwohnsitzes[8]. Es ist jedoch auch keine für alle Fälle passende Formel. Immer sind die Natur des Rechtsverhältnisses und die Umstände zu berücksichtigen, denen es seine Entstehung verdankt[9]. Gerade wenn man diese beiden Gesichtspunkte in Betracht zieht, dann spricht für das Recht des Schuldnerstaats der Gedanke der internationalen Rechtssicherheit. Die Inhaber der Bonds mögen wohnen, wo sie wollen, der Ort des Schuldnerwohnsitzes ist gerade bei Staatsschulden der einzig feste Punkt in der Erscheinungen Flucht, „er stellt eine weithin sichtbare und beim anderen Teil als bekannt vorauszusetzende Tatsache" dar[10]. Zu diesem Ergebnis kommt auch die Haager Cour. Ihre Auffassung läßt sich nach Schmid in folgende beide Sätze zusammenfassen[11]:

„Verpflichtet sich ein souveräner Staat zu einer privatrechtlich bestimmten Leistung, so darf nicht vermutet werden, daß er den Inhalt des Schuldverhältnisses und die Gültigkeit der übernommenen Verpflichtungen der Rechtsordnung eines anderen Staates habe unterstellen wollen."

„Inhaberpapiere unterstehen im Zweifel, was den Inhalt des Schuldverhältnisses anbetrifft, ein und derselben Rechtsordnung. Es ist zu vermuten, daß dies die Rechtsordnung des Schuldnerstaates ist. Der Ort, an welchem die einzelnen Inhaberpapiere erworben worden sind, und die Person des Erwerbers sind für den Inhalt des Schuldverhältnisses unerheblich."

---

[6] Vgl. statt aller anderen Entscheidungen R.G.Z. 6, S. 130 ff.; ebenso für Anleihen Freund, l. c. 1907, S. 62 dieser Ansicht.

[7] Gutzwiller, l. c. S. 1606—1607; Lewald, l. c. S. 228.

[8] Dafür Haager Cour, Série A, Nr. 20, S. 41—42. Ebenso das deutsch-englische gemischte Schiedsgericht. Jur. Wochenschrift 1928, S. 2047: „Jenes Gesetz wird für den Regelfall am richtigsten in der Weise bestimmt, daß man dem am Wohnsitz des Schuldners geltenden internationalen Privatrecht folgt."
In der Wissenschaft hat diese Lehre großen Anklang gefunden: Brändl, l. c. S. 16; Frankenstein, l. c. S. 383; Gutzwiller, l. c. S. 1607—1608; Lewald, l. c. S. 230; Niboyet, l. c. 1912, S. 468; Neumeyer, l. c. S. 99—100; Politis, l. c. 1894, S. 20—21.

[9] Schmid, l. c. Nr. 152; Haager Cour, Série A, Nr. 20, S. 41: „La Cour ne saurait déterminer cette loi qu'en s'inspirant de la nature même de ces obligations et des circonstances qui ont accompagné leur création."

[10] Gutzwiller, l. c. S. 1607—1608.

[11] Schmid, l. c. Nr. 155 u. 157; Haager Cour, Série A, Nr. 20, S. 42.

Fünfter Abschnitt.
# Die Garantien der Kreuger-Verträge.

Erstes Kapitel.
## Regelfall: keine Garantien für Staatsanleihen.

Für Staatsanleihen gibt es ebenso wie sonst bei obligatorischen Beziehungen nur ausnahmsweise irgendwelche Sicherheiten. Sie stehen einander ranglos gegenüber[1]. Die Monopolverleihung, welche bei den Kreuger-Verträgen die Bedingung für die Gewährung der Anleihe ist, und an welche man in diesem Zusammenhang denken könnte, hat bei diesen[2] nicht den Sinn, eine Garantie für die Rückzahlung der Anleihe zu schaffen. Das ergibt sich schon daraus, daß bei verfrühter Zurückzahlung der Anleihe das Monopol trotzdem für die im Vertrag vereinbarte Zeit weiterbesteht[3]. Ebenso fehlt es hier an dem für jede Sicherung charakteristischen Merkmal der Akzessorietät. Kreuger verlangt nicht das Monopol, um die Rückzahlung der Anleihe sicherzustellen, sondern er gibt die Anleihe, um das Monopol zu erhalten.

Zweites Kapitel.
## Die Garantietypen der Kreuger-Verträge.

Nur bei einem Teil dieser Verträge, denen, die zum Guatemala- und Danzig-Typ gehören, konnte Kreuger in Anbetracht ihrer schwächeren Finanzlage besondere Sicherheiten für den Anleihedienst durchsetzen. Diese Garantien haben nicht immer den selben Charakter; auch hier findet man eine Skala, die von Bindungen und Rangfestsetzungen allgemeiner Art bis zu den stärksten dinglichen Sicherungen aufsteigt. Da die rechtliche Bedeutung der einzelnen Garantien verschieden ist, erscheint eine Typisierung lohnend.

---

[1] Jèze, Tübingen 1927, S. 107—108.
[2] Eine Ausnahme stellt nur der Ungarnvertrag dar, auf den nachher einzugehen ist.
[3] Vgl. deutschen Vertrag, § 3, Nr. 19 in Verbindung mit Nr. 3; Art. 4 des litauischen Vertrags. Deshalb sind die Ausführungen von Rademacher (D.N.), der in der Monopolverleihung eine Verpfändung sieht, irrig. (Verhandlungen des Reichstags, 4. Wahlperiode 1928, Bd. 426, S. 3822.)

a) **Der Litauen-Typ.** Die vom litauischen Staat ausgegebene Anleihe wird von diesem nur durch ein allgemeines Garantieversprechen gesichert und erhält im Hinblick auf ihre hypothekarische Sicherheit ein Vorrecht gegenüber später von Litauen eventuell aufzunehmenden Anleihen[4]. Im jugoslawischen Vertrag, der auch hierher gehört, ist in Annex 2 vereinbart, daß die dort aufgezählten acht Anleihen im Rang der Kreuger-Anleihe vorgehen.

b) **Der Danzig-Typ.** Hier ist die Zündholzmonopolakzise als Sicherheit für die Anleihe verpfändet[5]. Im Vertrag mit Guatemala dient außerdem noch die Grundsteuer zur Sicherung der Anleihe. Die Einnahmen aus beiden Steuern gehen in einen besonderen Tilgungsfonds[6]. Griechenland mußte den Überschuß der unter Kontrolle der internationalen Finanzkommission gestellten Einnahmen als Sicherheit für die Kreuger-Anleihe geben[7].

c) **Der Ungarn-Typ.** Hier enthält die Sicherung der Anleihe die stärksten Bindungen für den Schuldner. Einmal sollen „als besondere Sicherheit für die Anleihe die Rechte gelten, welche durch diesen Vertrag der Stab zugesichert sind, bis die Anleihe nebst Zinsen ganz bezahlt ist"[8]. Sodann haften die öffentlich-rechtlichen Institute, welche die Obligationen ausgeben, solidarisch für die Anleihe und ihren Zinsendienst[9]. Als dingliche Sicherung dienen die durch das Bodenreformgesetz an die Kleinbauern verteilten Felder in einem im Vertrag vorgesehenen Umfang. Auf ihnen sind für die Kreuger-Gesellschaft Hypotheken zu bestellen. Die für den Zinsen- und Amortisationsdienst notwendigen Beträge sind zusammen mit den öffentlichen Steuern einzuziehen[10].

d) **Der Lettland-Typ.** Auch hier gibt es dingliche Sicherungen für Verpflichtungen aus dem Anleihevertrag. Nur ist es in diesem Fall der die Anleihe aufnehmende Staat, der sich von der Stab Sicherungen einräumen läßt. Gemäß § 18 dieses Vertrags ist die Stab folgende Verpflichtungen eingegangen: „Zur Sicherung etwaiger Ansprüche der Regierung respektive dritter Personen aus der Erfüllung dieses Vertrags an die Stab hinterlegt letztere beim Finanzministerium als Faustpfand mit Einräumung der im Artikel 1443 des Zivilgesetzes erwähnten Rechte ein Kapital von 200 000 Dollar in den in § 1 erwähnten Wertpapieren." Ähnliche Bestimmungen finden sich in Artikel 20 und Artikel 2 der türkischen Monopolverträge von 1925 und 1930.

---

[4] Art. 4 des litauischen Vertrags.
[5] Swenska 1930, S. 10; ebenso im boliv. Vertrag, ebenda S. 11.
[6] Daily Statistics Service.
[7] Swenska 1930, S. 8.
[8] Ungarischer Vertrag, § 8, Abs. 7; Stab ist Abkürzung für Swenska Tändsticks Aktiebolaget.
[9] Ebenda, § 8, Abs. 1 und 3.
[10] Ebenda, § 8, Abs. 3, 1 und 2.

Drittes Kapitel.
# Die rechtliche Bedeutung der Garantien.

a) Das Versprechen der Garantieübernahme für die Anleihe durch den sie begebenden Staat ist nur eine besonders eindringliche Form vertraglicher Verpflichtung. Der Staat haftet ja sowieso schon auf Grund des Anleihevertrags, und jede Nichterfüllung der eingegangenen Verpflichtungen stellt eine Vertragsverletzung dar, ganz gleich, ob noch eine ausdrückliche Garantie dazukommt oder nicht[11].

Größere Bedeutung hat das Versprechen des Vorrangs gegenüber späteren Anleihen. Es enthält die Verpflichtung des Schuldnerstaates, bei Aufnahme künftiger Anleiheverpflichtungen das Einverständnis des neuen Gläubigers mit der Bevorzugung des alten Gläubigers herbeizuführen. Unterläßt dies der Schuldnerstaat, so verletzt er damit den mit dem früheren Gläubiger abgeschlossenen Vertrag, macht sich also insoweit haftbar. Der Gläubiger der älteren Anleihe kann sich an ihn, aber auch nur an ihn halten. Auch wenn der neue Gläubiger von diesem älteren Vertrag Kenntnis hat, braucht er sich nicht um ihn zu kümmern. Dieser Vertrag ist für ihn eine res inter alios gesta, die ihm keine Rechte gibt, jedoch auch keinerlei Pflichten auferlegt.

b) Die „Verpfändung" von bestimmten Staatseinnahmen, die wir beim Danzig-Typ finden, ist eine Ausnahme von dem budgetrechtlichen Grundsatz der „Nonaffektation der Einnahmen", der Nichtspezialisierung der öffentlichen Einkünfte[12]. Diese Anleihesicherung unterscheidet sich, worauf Wilhelm Kaufmann[13] hinweist, zweifach von dem, was man üblicherweise unter einem Pfand versteht:

1. durch die Natur des zur Sicherung dienenden Gegenstands. Es sind öffentlich-rechtliche Einnahmen, die für den Dienst der Staatsschulden überwiesen werden.

2. durch den Inhalt der Berechtigung an den Einkünften. Während das bürgerlich-rechtliche Pfand nur für den Notfall eine Sicherheit geben soll, wenn die eigentliche Verpflichtung nicht erfüllt wird, sollen hier aus den verpfändeten Einkünften bestimmungsgemäß die Zinsen- und Amortisationsleistungen erfolgen.

Schon daraus ergibt sich, daß es sich nicht um eine dingliche Verpfändung, sondern nur um eine obligatorische Bindung handeln kann, die zur Sicherheit dienenden Einnahmen nur für die im Vertrag vorgesehenen Zwecke zu verwenden. Der Inhalt des Versprechens geht dahin:

---

[11] Ebenso Freund, l. c. 1907, S. 157—158; Görtz, l. c. S. 120—121; Fauchille, l. c. Bd. 1, S. 675.

[12] Jèze, l. c. 1927, S. 103 und 105.

[13] Wilhelm Kaufmann, l. c. S. 43.

1. auf die zur Sicherheit dienenden Einnahmen nicht zu verzichten, ohne Einnahmen von gleichem Wert für den Anleihedienst zur Verfügung zu stellen,

2. diese Einnahmen ausschließlich für die bevorzugte Anleihe zu verwenden[14].

Jede Nichteinhaltung dieser beiden Verpflichtungen stellt eine Vertragsverletzung dar. Der Gläubiger hat die selben Rechte wie bei Verletzung des Vorrangversprechens durch den Schuldnerstaat[15].

c) und d) Eigentlich dingliche Sicherungen finden sich nur beim Ungarn- und Lettland-Typ. Sie sind in den beiden üblichen Formen des Zivilrechts eingegangen: Faustpfand und Hypothek.

e) Es bleibt noch zu prüfen, welches Recht auf die Garantien anzuwenden ist. Soweit nicht zwingende Vorschriften des Rechts der belegenen Sache eingreifen, sind auch die Sicherungen der Anleiheverträge nach dem für den Vertrag sonst geltenden Recht zu beurteilen, d. h. nach dem Recht des Schuldnerwohnsitzes[16].

Sieht man von den privatrechtlichen Pfändern ab, so kann man auch heute den Wert der Garantien nicht viel höher einschätzen, als zu seiner Zeit Friedrich der Große darüber geurteilt hat:

„Toutes les garanties sont comme de l'ouvrage de filigrane, plus propres à satisfaire les gueux qu'à être de quelque utilité."[17]

---

[14] Ebenso Fauchille, l. c. Bd. 1, S. 675—676; Imbert, S. 59; Politis, l. c. 1894, S. 94.

[15] Vgl. oben Text unter a).

[16] So entschied das Tribunal de la Seine am 3. März 1875 in der Sache Gouvernement Ottoman gegen Comptoir d'escompte et consorts. (Sirey, Recueil général des lois et des arrêts 1877, II, S. 25—26.) Die Beklagten hatten von der türkischen Regierung die Erlaubnis, die für eine Anleihe in Paris hinterlegten Wertpapiere bei Nichterfüllung des Vertrags durch die türkische Regierung zu veräußern. Die Klägerin verlangte Schadensersatz, weil die Beklagten nicht die Formvorschriften des Art. 2078 Code civil eingehalten hätten und die widersprechende Vertragsklausel nichtig sei. Die Klage wurde abgewiesen. Zur Begründung wurde angeführt: „Attendu, en droit, qu'il est de principe que toute personne privée qui traite avec un Etat, se soumet, par, le seul fait de l'engagement qu'elle contracte, aux lois et à la juridiction, de cet Etat." „Que si ces conditions sont en désaccord avec les prescriptions du droit français, et notamment avec les dispositions de l'art. 2078 C. civ., le seul qui serait applicable dans l'espèce, le contrat étant purement civil, les prohibitions contenues dans cet article ne sont pas d'ordre public, qu'elles ont été indroduites dans l'intérêt particulier du débiteur."

[17] Meili, l. c. S. 41.

Sechster Abschnitt.
# Die Klagbarkeit der Kreuger-Verträge.

## Erstes Kapitel.
## Die Klagbarkeit von Anleihen im allgemeinen.

Der Inhaber von Anleiheschuldverschreibungen hat theoretisch zwei Möglichkeiten, um den Schuldnerstaat gerichtlich zu belangen. Einmal kann er seine Klage bei den Gerichten seines Heimatstaates anhängig machen. Sieht man von der belgischen und italienischen Rechtsprechung ab, die gemäß einer von Anzilotti[1] scharf kritisierten Praxis solche Klagen gegen auswärtige Staaten zulassen[2], so wird er damit in der Regel nicht zu seinem Ziel kommen, da sich die Gerichte aller anderen Staaten in Fällen dieser Art für unzuständig erklären[3]. Der andere Weg, den Staat vor seinen eigenen Gerichten zu verklagen, hat die Schwierigkeit, daß dies nach der Gerichtspraxis Frankreichs, Großbritanniens und der Vereinigten Staaten von Nordamerika ausgeschlossen ist. Dort findet sich die Einschränkung, daß die Gesetzgebungsinstanz durch ausdrücklichen Beschluß die Klage zulassen kann[4]. Irrig ist die von Strupp vertretene Ansicht[5], das preußische Gesetz von 1823 sei noch geltendes Recht. Danach waren Forderungen gegen den preußischen Staat aus Anleihen unklagbar. Dieses Gesetz ist gemäß § 4 E.G.Z.P.O. außer Kraft getreten[6].

## Zweites Kapitel.
## Die Klagbarkeit der Kreuger-Verträge.

Gegen diese Schwierigkeiten hat sich Kreuger dadurch gesichert, daß überall in den Verträgen ordentliche Gerichte, bzw. Schiedsgerichte vorgesehen sind. Auch diese Rechtsinstanzen werden der Übersicht halber am besten in Typen geordnet dargestellt.

---

[1] Anzilotti, l. c. 1895, insbesondere S. 28 und 30.
[2] Freund, l. c. 1907, S. 254; Strupp, l. c. Intervention 1928, S. 63.
[3] Freund, l. c. 1907, S. 256—257; Strupp, ebenda.
[4] Freund, l. c. 1907, S. 250; Strupp, ebenda, S. 60—61.
[5] Strupp, ebenda, S. 60—61.
[6] Darauf weist schon Freund, l. c. 1910, S. 31, hin.

a) **Der Deutschland-Typ.** Hier ist, wie schon oben bemerkt wurde[7], das Reichsgericht als Sondergericht eingesetzt zur Entscheidung der Streitigkeiten zwischen dem Reich auf der einen und Stab und Maatschappij auf der anderen Seite „über die aus dem Vertrag sich ergebenden Rechte und Pflichten der Parteien untereinander"[8]. Das Gericht tritt auf Anrufung einer der Parteien hin in Tätigkeit und entscheidet endgültig. Damit ist die Anrufung jedes ausländischen Gerichts oder eines anderen deutschen Gerichts ausgeschlossen. Unberührt bleibt davon das Recht von Kreugers Heimatstaat, bei irgendwelchen Vertragsverletzungen durch den Schuldnerstaat den Streitfall völkerrechtlichen Instanzen vorzulegen. Dieser Anspruch stellt, wie später noch ausführlicher darzulegen ist, einen eigenen, nicht abgeleiteten Anspruch des Staates dar, so daß die Angehörigen des berechtigten Staates auf ihn nicht verzichten können. In ihrer Person hat sich die Völkerrechtsverletzung nur konkretisiert, der Anspruch bedeutet für sie ein jus tertii[9]. Der Senat hat das Recht, sein Verfahren selbst zu regeln. Er setzt die Gerichtskosten fest und entscheidet darüber, wem sie aufzuerlegen sind. Alle anderen Kosten fallen der Partei zur Last, der sie erwachsen sind[10].

b) **Der Litauen-Typ.** Die in diesen Vertrag bezüglich der Entscheidung von Streitfällen eingefügte Klausel[11] unterscheidet sich dadurch von der entsprechenden des Deutschland-Typs, daß hier ein fünfgliedriges Schiedsgericht vorgesehen ist. In dieses entsendet jede Partei zwei Mitglieder, die gemeinsam einen Obmann wählen. Damit wird zum Ausdruck gebracht, daß Kreuger es hier vorzieht, sich nicht einem ausschließlich mit Staatsangehörigen des Schuldnerstaats zusammengesetzten Gerichtshof zu unterwerfen. Immerhin gibt es auch hier noch Gradunterschiede. So wird die Objektivität der Beamten der diesem Vertragstyp unterworfenen Staaten noch um einige Nuancen höher bewertet, als bei den Verträgen, die zum Jugoslawien-Typ gehören. Für den Fall, daß sich die vier Mitglieder des Schiedsgerichts nicht über die Person des zu wählenden Obmanns einigen können, fungiert hier der Präsident des litauischen Obertribunals oder eine von ihm bestimmte Person als Obmann.

c) **Der Jugoslawien-Typ.** Dieser unterscheidet sich dadurch vom Litauen-Typ, daß auf Verlangen eines der von beiden Parteien ernannten Schiedsrichters der Vorsitzende vom Präsidenten des Ständigen Inter-

---

[7] Vgl. oben dritten Abschnitt, 2. Kap.
[8] Deutscher Vertrag § 7; vgl. dazu oben Anm. 8 zum fünften Abschnitt. Maatschappij ist die Abkürzuung für N. V. Financieele Maatschappij Kreuger & Toll, Amsterdam.
[9] Vgl. dazu unten den neunten Abschnitt.
[10] Zum Deutschland-Typ gehört unter diesen Gesichtspunkt auch der lettische Verltrag. Dort ist in § 18 die Zuständigkeit des Bezirksgerichts in Riga vereinbart.
[11] Art. 14 des litauischen Vertrags.

nationalen Gerichtshofs im Haag bestimmt wird[12]. In dem mit der Türkei abgeschlossenen Vertrag von 1930 ist gemäß Artikel 14 der Präsident des Schweizer Bundesgerichts mit dieser Aufgabe betraut, nach Artikel 32 des mit Polen abgeschlossenen Vertrags der Präsident der Internationalen Handelskammer.

d) Der Danzig-Typ. Vorsitzender des in diesem Vertrag vorgesehenen Schiedsgerichts ist der Präsident der Berliner Industrie- und Handelskammer[13], während die anderen Schiedsrichter in der üblichen Weise paritätisch berufen werden.

---

[12] Art. 12 des jugoslawischen und § 11 des ungarischen Vertrags.
[13] Swenska 1930, S. 10.

Siebter Abschnitt.

# Möglichkeiten und Grenzen einseitiger staatlicher Einwirkung auf Bestand und Substanz der Kreuger-Verträge.

Erstes Kapitel.

## Inflation und Staatsbankerott.

a) Gegen eine Inflation in den Währungen der Schuldnerstaaten hat sich Kreuger dadurch gesichert, daß die von ihnen ausgestellten Schuldverschreibungen auf USA.-Dollars lauten[1]. Es bleibt noch zu prüfen, zu wessen Lasten eine Dollarinflation gehen würde. Wird die Landeswährung des Schuldnerstaates ausgeschlossen, so geschieht dies deshalb, weil der Gläubiger zu ihr nicht das selbe Vertrauen hat wie zu der eines anderen Staates. Der Schuldner hat auf ihre Entwicklung keinerlei Einfluß, und es entspricht der Interessenlage, daß der Gläubiger das Risiko für die Stabilität einer Währung trägt, die auf seinen Wunsch dem Vertrag zugrunde gelegt wurde. Dieser Auffassung widerspricht auch nicht die Entscheidung der Haager Cour im serbisch-französischen Anleihestreit, weil hier die Schuldtitel von Anfang an auf Goldfrancs ausgestellt waren.

b) Schwieriger ist zu entscheiden, ob ein Staatsbankerott des Schuldnerstaates den Anleihegläubiger gefährden kann[2]. Zunächst ist zu prüfen, ob es im Leben des Staates einen solchen Tatbestand gibt. Wie immer, so ist auch hier bei der Übertragung von Rechtsinstituten in die Sphäre des Staates größte Vorsicht am Platze, wenn diese ursprünglich in erster Linie auf die Bedürfnisse des Einzelnen zugeschnitten sind. Bankerott oder Konkurs ist die Zahlungsunfähigkeit bzw. Zahlungseinstellung eines Schuldners und das sich daran anschließende Verfahren zur Gläubigerbefriedigung. Die Frage stellen, heißt sie verneinen. Der Staat kann nicht

---

[1] Vgl. deutschen Vertrag § 1, Abs. 4; lettischen Vertrag § 1, Abs. 1; litauischen Vertrag Art. 4, Abs. 1; ungarischen Vertrag § 8, Abs. 1.

[2] Über seine Bedeutung schreibt van Daehne, l. c. S. 4: „En effet, après, l'expérience du dix-neuvième siècle il est manifeste que la banqueroute d'Etat est un fléau dont les nations pâtissent en temps de paix, comme elles souffrent de la loi martiale en temps de guerre." Über die Fälle des Staatsbankerotts in der Geschichte der neuesten Zeit vgl. Politis, l. c. 1894, S. 180—202; Manes, l. c. S. 24—70 und 219—240.

wie irgendeine Gesellschaft des Handelsrechts seinen Betrieb einstellen und sein Vermögen seinen Gläubigern zur Liquidation überlassen[3]. Die einzige Gemeinsamkeit, die zwischen Staats- und Individualbankerott besteht, ist die, daß beide in diesem Falle fälligen Verbindlichkeiten infolge Zahlungsunfähigkeit nicht nachkommen[4]. Strittig ist nur, ob diese Zahlungseinstellung des Staates eine Vertragsverletzung darstellt. So paradox es klingt, die Zahlungseinstellung ist bei **ernstlichen Zahlungsschwierigkeiten** des Staates nicht nur keine Vertragsverletzung, sondern eine dem Staat für diesen Fall **vertraglich auferlegte Pflicht**. Die erste Verpflichtung, die dem Vertragskontrahenten gegenüber auf Grund des mit ihm abgeschlossenen Anleihevertrags besteht, ist, wie Sir George Jessel[5a] in einem Urteil über peruanische Anleihen ausführt, die, seine Existenz zu erhalten. Ohne diese Voraussetzung ist jede Vertragserfüllung ausgeschlossen. Um sie zu ermöglichen, muß der Staat vor der Bezahlung seiner Vertragsschulden, jedoch gerade um ihretwillen, all die Ausgaben bestreiten, die zur Aufrechterhaltung des staatlichen Mechanismus nach Außen und Innen erforderlich sind. Zum selben Ergebnis kommt Vattel[5b]:

---

[3] Ebenso gegen die kritiklose Übernahme dieses Begriffs in die Region des Staates, Freund, l. c. 1907, S. 251; Williams, l. c. 1924, S. 52.

[4] Pflug, l. c. S. 1; Freund, l. c. 1910, S. 5; Zeitlin, l. c. S. 82.

[5a] Jessel kommt zu diesem Ergebnis im Fall Twycross gegen Dreyfus (Law Raports, Chancery Division, Bd. V, 1877, S. 617: „First of all, everybody knows that the first engagement a government contracts to pay out of its own revenues is the engagement necessary to continue its own existence as a government to pay for its military and civil services to any extent the government thinks necessary." Nur dadurch unterscheidet sich sein Ergebnis von unserem, daß er auf Grund dieses Gedankengangs zu dem Schluß kommt, daß die Anleihe keinen rechtsverbindlichen Vertrag darstellt.

[5b] Entgegen der Auffassung von Sir Jessel (oben Anm. 5a) möchten wir annehmen, daß er hier unbewußt an Hand des von ihm zu entscheidenden Einzelfalls allgemein gültige Normen für die Pflicht des Staates zur Zahlungseinstellung bei ernstlichen Zahlungsschwierigkeiten entwickelt hat. Diese Auffassung befindet sich in Übereinstimmung mit:
1. Vattel, l. c. B. I, Kap. 2, vol. 1., S. 26, und ebenda S. 24: „Et comme c'est dans sa durée, que consiste la conservation de la Nation, il s'ensuit que toute Nation est obligée de se conserver."
2. Ebenso Bluntschli, l. c. § 460, S. 269—270: „On peut exiger d'un Etat qu'il exécoute les engagements onéreux contractés par lui, mais on ne saurait lui demander de sacrifier à l'existence du traité son développement ou son existence." „Si les Etats n'étaient pas obligés de respecter les engagements onéreux qu'ils ont contractés, le droit conventionel serait une chimère. Mais le fardeau doit pouvoir être supporté, et les charges imposées par le traité ne doivent pas avoir la mort de l'Etat pour conséquence. L'obligation de rester fidèle aux traités a des limites." „Les traités qui ont pour but de réduire l'Etat à néant ne sont donc pas obligatoires, et cessent de l'être dès que leur caractère subversif vient à être démontré."
3. Ebenso v. Bar, l. c. B. II, S. 663—664.
4. De Lapradelle et N. Politis, l. c. Bd. 2, S. 547: „La dette résultant d'un emprunt est aussi obligatoire en droit que toute autre dette, mais il n'en est pas moins vrai que contractée dans un intérêt public, elle est soumise pour son exécution aux conditions imposées par les nécessités financières et administratives de l'Etat emprunteur."

„Puis donc qu'une nation est obligée de se conserver, elle a droit à tout ce qui est nécessaire à sa conservation. Car la loi naturelle nous donne droit à toutes les choses, sans quelles nous ne pourrons satisfaire à notre obligation; autrement elle nous obligeroit à l'impossible, ou plutôt elle se contrediroit elle-même, en nous prescrivant un devoir et nous interdisant en même temps les seuls moyens de les remplir." Daraus ergibt sich: **Sobald dem Staat nur noch die Mittel zu seiner Selbsterhaltung zur Verfügung stehen, hat er die Pflicht, vom Gläubiger ein Moratorium zu fordern.** Dieser hat sich auf Grund des Vertrags damit einverstanden zu erklären, wenn diese Voraussetzungen vorliegen. Denn **nur so kann der Staat der dem Gläubiger gegenüber übernommenen Verpflichtung** nachkommen, seine Existenz zu gewährleisten.

## Zweites Kapitel.
# Kündigung der Anleihe vor Fälligkeit.

Eine Kündigung der Anleihe vor ihrer Fälligkeit ist nur möglich, soweit dem Schuldnerstaat im Vertrag dieses Recht eingeräumt ist. Die Rückzahlungstermine sind nicht nur um des Schuldners willen vereinbart. Insbesondere, wenn dieser zahlungskräftig ist, hat auch der Gläubiger ein Interesse daran, auf bestimmte Zeit hinaus mit einer kalkulierbaren Verzinsung des angelegten Geldes rechnen zu können. Da aber auf der anderen Seite der Schuldner bei Verflüssigung des Geldmarkts wegen der zu hohen Zinsenbelastung Wert auf verfrühte Zurückzahlung der Anleihe legen wird, so sind auch in die Kreuger-Verträge Bestimmungen aufgenommen, wonach von einem bestimmten Zeitpunkt an die Anleihe unter Einhaltung vertraglich vereinbarter Kündigungsfristen verfrüht gekündigt werden kann. Trotzdem bleibt in diesem Fall das Monopol unter den im Vertrag festgesetzten Bedingungen bis zu dem für sein Erlöschen vereinbarten Zeitpunkt bestehen[6].

---

Bar und Lapradelle machen nur den einen Fehler, diese bei allen Verträgen vorliegende Pflicht des Staates zur Zahlungseinstellung bei ernstlichen Zahlungsschwierigkeiten in Verbindung zu bringen mit dem Souveränitätsakt, durch den angeblich die Anleihe geschaffen wird. Damit verfallen sie in den schon bei Drago kritisierten Fehler, den Anleihevertrag und die gesetzliche Ermächtigung zum Abschluß der Anleihe bzw. das staatliche Ausführungsgesetz durcheinander zu werfen.

5. Zum selben Ergebnis kommt at last, but not at least Williams, l. c. 1924, S. 54 bis 55, und l. c. 1929, S. 327—328: „The debtor State must continue its activities." „A State has no fixed or fixable period of existence; this exists for the purpose of discharging duties towards its members which are inalienable." „Thus a State is in a fiduciary relation to its members; English law has always recognised the peculiar situation of a trustee. Contracts relating to trust property which involve a breach of trust cannot be spezifically enforced." L. c. 1929, S. 324—325.

[6] Vgl. deutschen Vertrag § 1, Abs. 2 und § 3, Nr. 3 und 19; lettischen Ergänzungsvertrag Nr. 1 und 9; litauischen Vertrag Art. 4, ungarischen Vertrag § 8.

Drittes Kapitel.
# Vorzeitige Monopolentziehung.

a) Im deutschen[7], lettischen[8] und litauischen[9] Vertrag finden sich übereinstimmende Klauseln für den Fall, daß die Monopolgesellschaft nicht ihrer Pflicht nachkommt, den Inlandsbedarf zu befriedigen. Für diesen Fall hat sich das Reich das Recht vorbehalten, die zu seiner Sicherung notwendigen Maßnahmen zu treffen. Nach dem lettischen Vertrag kann die Regierung den Vertrag als aufgehoben betrachten. Der litauischen Regierung ist das Recht eingeräumt, bei dem vertraglich vorgesehenen Schiedsgericht die Aufhebung des Vertrages zu beantragen. In diesen Vorschriften kommt der allgemeine Rechtsgedanke zum Ausdruck, daß bei Nicht- oder Schlechterfüllung des Vertrages durch den einen Vertragschließenden dem anderen Partner ein Rücktrittsrecht zusteht. Da, wo ein Landesrecht diesen Satz anerkennt, kann die Regierung dieses Staates von diesem Rechtsinstitut Gebrauch machen, auch wenn davon im Vertrag nicht die Rede ist.

Zu prüfen bleibt nur noch, ob die für die Anleihe vorgesehenen Rückzahlungstermine durch eine solche Monopolentziehung beeinflußt werden. Im litauischen[9] und lettischen Vertrag[10] ist ausdrücklich bestimmt, daß die Verpflichtungen betreffend Anleihe, Zinsen und Amortisationen davon unberührt bleiben. Diese Bestimmung ist eine Selbstverständlichkeit. Sie ist ein Ausfluß des Grundsatzes, daß eine Vertragspartei nicht aus eigenem rechtswidrigen Verhalten Rechte für sich ableiten kann. Die Anleihegewährung ist an die Bedingung geknüpft, daß das Zündwarenmonopol auf bestimmte Zeit an Kreuger verliehen wird. Zwingt dieser durch späteres vertragswidriges Verhalten den Schuldnerstaat, von dieser Bedingung abzugehen, so kann er daraus keine Rechte bezüglich einer verfrühten Fälligkeit der Anleihe ableiten. Andernfalls würde er auf dem Umweg über vertragswidriges Verhalten ein Recht zur jederzeitigen Kündigung der Anleihe erhalten. Dieses Recht, vor dem Fälligkeitstermin einseitig kündigen zu können, ist jedoch in den Verträgen nur den Schuldnerstaaten eingeräumt[11].

b) Anders ist die Lage, wenn das Recht der Ausübung des Monopols der Monopolgesellschaft aus sonstigen Gründen entzogen wird.

Diese Maßnahme ist an sich rechtlich zulässig, da die Monopolverleihung[12] nicht als vertragliche Verpflichtung des Staates, sondern

---

[7] Deutscher Vertrag § 3, Nr. 14.
[8] Lettischer Vertrag § 13.
[9] Litauischer Vertrag Art. 7.
[10] Lettischer Vertrag Art. 18, Abs. 3.
[11] So heißt es in § 1, Abs. 2 des deutschen Vertrags ausdrücklich: „Maatchappij ist zur Kündigung der Anleihe nicht berechtigt."
[12] Vgl. oben dritten Abschnitt, 4. Kap.

lediglich als einfache Bedingung, als Voraussetzung für die Anleihegewährung in die Verträge eingefügt wurde. Ohne die Erfüllung dieser Voraussetzung hätte der Gläubiger jedoch nie die Anleihe gewährt, was dem Schuldnerstaat bekannt war. Mit der nachträglichen Beseitigung dieser Bedingung fällt die tragende Basis und Grundlage der Anleihe in sich zusammen. Deshalb hat hier im Gegensatz zum vorigen Fall der Gläubiger ein sofortiges Rücktrittsrecht, bzw. er kann als ungerechtfertigte Bereicherung zurückverlangen, was er dem Staate gewährt hat. Außerdem kann er nach dem vom Reichsgericht[13] im Rahmen des deutschen Landesrechts und von den völkerrechtlichen Instanzen[14] aufgestellten Grundsätzen eine angemessene Entschädigung für die Entziehung seiner wohlerworbenen Rechte verlangen.

### Viertes Kapitel.
## Steuermaßnahmen.

a) Die Besteuerung kann einmal das Vermögen und den Gewinn der Monopolgesellschaft zum Gegenstand haben. Im deutschen Vertrag, der nur beispielhaft herausgegriffen werden soll, hat sich Kreuger dadurch zu sichern versucht, daß ihm Befreiung der Monopolgesellschaft von der Körperschaftssteuer und Steuerfreiheit des an die Stab abzuführenden Monopolgewinns zugesichert wurde[15]. Es fragt sich nur, was diese Bindung bedeutet. Jèze, der bekannte französische Budgetrechtler, bestreitet energisch, daß die Einräumung der Steuerfreiheit eine vertragliche, d. h. nicht einseitig zurücknehmbare Verpflichtung darstelle. Wenn der Staat jemand, ganz gleich ob einem In- oder Ausländer, Steuerfreiheit

---

[13] Danach erstreckt sich a) eine Enteignung auf Rechte aller Art, b) sie kann auch durch Gesetz erfolgen, c) auch, wo kein öffentlich-rechtliches Unternehmen vorhanden ist, liegt nicht nur eine Eigentumsbeschränkung, sondern unter Umständen eine Enteignung vor.

[14] Daran, daß diese Auffassung herrschende Praxis ist, kann nach den Entscheidungen der Haager Cour (Série B, Nr. 6, S. 38) und dem Urteil des rumänisch-ungarischen T.A.M. (Recueil, Bd. VII, S. 143) kein Zweifel mehr bestehen. Vgl. dazu Bruns, l. c. 1928, S. 362—363; Schmid, l. c. Nr. 142, faßt diese Übung dahin zusammen: „Der völkerrechtliche Schutz der wohlerworbenen Rechte erstreckt sich auf alle Rechte, welche auf Grund Landesrechts, richterlicher Urteile oder Verwaltungsakte erworben worden sind, oder welche in völkerrechtlichen Verträgen ihren Ursprung haben." Für das deutsche Völkerrechtssystem ist der Schutz des Eigentums im obigen Umfang schon dadurch geltendes Recht, daß alle Staaten, die mit dem Deutschen Reich durch Meistbegünstigungsverträge verbunden sind, die in Art. 8 des deutsch-russischen Niederlassungsabkommens und dem Schlußprotokoll gegenseitig verbürgten Rechte in Anspruch nehmen können. Über die Grenzen dieses Anspruchs vgl. unten neunten Abschnitt unter e.

[15] Deutscher Zusatzvertrag, Punkt 2 und 4 (übereinstimmende Schreiben des Finanzministers an die Swenska vom 26. Oktober 1929 und umgekehrt).

eingeräumt hat, so sei er später an diese Zusage nicht gebunden[16]. Ein Verzicht auf die Ausübung der Steuerhoheit überhaupt könne in solchen Fällen ohne besondere Erklärung nicht angenommen werden. Diese Immunitätsklausel sei wie jede Stipulation, die einen Verzicht zum Gegenstand hat, restriktiv auszulegen: der Staat verspreche nur für die Gegenwart, d. h. bis auf weiteres, von seinem Besteuerungsrecht keinen Gebrauch zu machen[17]. Auch eine Entschädigungspflicht kommt nach Jèze nicht in Frage[18]. Könnte Jèze beweisen, daß alle oder die meisten Staaten unter der Steuerbefreiung nur ein jederzeit einseitig widerrufliches Versprechen verstehen und nicht, wofür in einem Vertrag die Vermutung spricht, eine nur mit Einverständnis des Gegners, d. h. durch neuen Vertrag aufzuhebende Verpflichtung, so ließe sich dieser Standpunkt auch unter Berücksichtigung des Grundsatzes der wohlerworbenen Rechte vertreten. Es würde sich dann im vorliegenden Fall nicht um die Entziehung eines wohlerworbenen Rechts handeln, sondern um die im Wege der Auslegung zu gewinnende Feststellung, daß der in Frage stehende Vertrag ein solches Recht gar nicht einräumt. Da das von Jèze angeführte Vertragsmaterial keinerlei Anhaltspunkte für diese durchgängige Beschränkung der Steuerbefreiung in der Staatenpraxis bietet, so findet jede einseitige Zurücknahme der Steuerbefreiung ihre Grenze an dem Grundsatz der wohlerworbenen Rechte.

b) Auch die von der Monopolgesellschaft vertriebenen Zündwaren können besteuert werden. In einigen der Kreuger-Verträge findet sich eine Begrenzung der Steuerhöhe[19]. Der deutsche Vertrag enthält darüber keine Bestimmung. Ein Versehen ist nicht anzunehmen, da in die vor dem deutschen Kreuger-Vertrag abgeschlossenen Verträge mit Lettland und Ungarn Vorschriften darüber aufgenommen sind und an zwei Stellen des deutschen Vertrags von der Zündwarensteuer die Rede ist[20]. So muß man annehmen, daß hier dem Deutschen Reich ein unbeschränktes

---

[16] Jèze, l. c. 1925, S. 119: „L'immunité fiscale est révocable, politiquement et juridiquement; le régime juridique d'exonération fiscale peut-être supprimé ou modifié, non obstant toute promesse contraire." Ebenda, S. 145: „Un Etat ne peut pas contracter, envers les étrangers non résidants porteurs de la Dette publique, d'engagements d'immunité fiscale perpétuelle, pas plus qu'il ne peut le faire vis-à-vis des nationaux."

[17] Jèze, l. c. 1925, S. 125: „Au cas où les gouvernants, lors de l'émission d'un emprunt, ont établi l'immunité fiscale, cette clause ne peut signifier qu'une chose: tel ou tel impôt ne sera pas perçu pour le moment sur les titres de la dette publique. Mais le jour où les gouvernants estimeront qu'il y a lieu de percevoir l'impôt et de supprimer l'immunité fiscale, ils auront pleine liberté pour le faire."

[18] Jèze, l. c. 1907, S. 453.

[19] Gemäß § 4 des lettischen Vertrags ist die höchstmögliche Steuererhöhung eine solche von 50% über die bei Vertragsabschluß bestehenden Sätze hinaus. Außerdem darf die Steuer nicht so hoch sein, daß dadurch der Zündholzkonsum zurückgeht. Eine ähnliche Bestimmung findet sich in § 7 des ungarischen Vertrags.

[20] Daß beide Parteien mit dem Vorhandensein dieser Steuer gerechnet haben, geht aus § 3, Z. 10 und § 4, Abs. 1 des deutschen Vertrags hervor.

Besteuerungsrecht verblieben ist. Steuerschuldner ist nach dem deutschen Zündwarensteuergesetz von 1923, wer die Zündwaren in den freien Verkehr überführt[21], also die deutsche Zündholzmonopolgesellschaft. Diese kann gegen den Willen des Reichs die Steuer nicht auf den Konsum abwälzen, weil gemäß dem mit Kreuger geschlossenen Vertrag der Kleinverkaufshöchstpreis auf vier Jahre festgesetzt ist und nach Ablauf dieser Zeit das Reich nur das Recht, aber nicht die Pflicht hat, von sich aus die Preise neu festzusetzen[22]. Von einem Verstoß gegen Treu und Glauben, von gegensätzlichem Handeln (venire contra factum proprium) auf Seiten des Reichs kann nicht die Rede sein, wenn es von diesem Besteuerungsrecht Gebrauch macht. Denn ein Verzicht auf ein Recht, das in diesem Fall sogar ein Hoheitsrecht darstellt und dessen Bestand, wie aus dem anderen Vertrag hervorgeht, der Gegenseite bekannt ist, darf nie vermutet werden.

c) Ob die für den Tilgungs- und Amortisationsdienst der Anleihe abzuführenden Beträge Gegenstand der Besteuerung sein können, ist bestritten. Freund[23] und Wuarin[24] sprechen sich dagegen aus. Sie sehen darin eine Schmälerung der dem Gläubiger vertragsmäßig eingeräumten Rechte[25]. Jedoch ist auch hier zu bedenken, daß ein Verzicht auf ein staatliches Hoheitsrecht nie vermutet werden darf[26].

---

[21] § 3; R.G.Bl. 1, 1923, S. 570.
[22] § 3, Nr. 10 des deutschen Vertrags.
[23] Freund, l. c. 1907, S. 237. Die nicht im Lande wohnenden Gläubiger können seiner Ansicht nach nicht dazu angehalten werden, zu den Ausgaben des Schuldnerstaates beizutragen.
[24] Wuarin, l. c. S. 78, sieht in dieser Besteuerung „une banqueroute partielle".
[25] Über die Staatenpraxis in dieser Frage vgl. Jèze, l. c. 1925, S. 146—230.
[26] Gemäß § 1, Abs. 7 des deutschen Vertrags sind „die Zahlungen für den Zinsen- und Tilgungsdienst von jeder die Zahlung unmittelbar belastenden deutschen Steuer frei". Ebenso Art. 4, Abs. 7 des litauischen Vertrags.

Achter Abschnitt.
# Rechtsverhältnisse bei Untergang der Vertragsparteien.

## Erstes Kapitel.
## Rechtsverhältnisse bei Untergang der Kreuger-Gesellschaften.

Es ist bei Erlöschen der Kreuger-Gesellschaften infolge irgendwelcher Auflösungsgründe des Rechtes, denen sie unterworfen sind, zu unterscheiden zwischen den Rechten an den von dem Schuldnerstaat ausgestellten Inhaberschuldverschreibungen und den Rechten der Kreuger-Gesellschaften gegenüber der im Schuldnerstaat befindlichen Monopolgesellschaft.

a) Das Schicksal der Schuldverschreibungen wird nach der Begebung durch den Schuldnerstaat durch die Auflösung der Kreuger-Gesellschaft nicht berührt, da jeder Inhaber zu ihrer Präsentierung berechtigt ist. Liegen die Wertpapiere während der Sperrfrist, innerhalb der sie entsprechend dem Vertrag mit dem Schuldnerstaat noch nicht emittiert werden dürfen, bei der aufgelösten Gesellschaft, so ist bei Verwertung der Liquidationsmasse auf diese Verpflichtung der Gesellschaft Rücksicht zu nehmen. Für diesen Fall ist jedoch im Vertrag meist schon Vorsorge getroffen dadurch, daß sich die Gesellschaft auch während der Sperrfrist das Recht zur Weiterveräußerung an „Versicherungs- und Finanzgesellschaften" vorbehalten hat. Nur müssen sich diese entsprechend der früheren Bindung der Kreuger-Gesellschaften gegenüber dem Schuldnerstaat verpflichten, ebenfalls während der Sperrfrist die Obligationen nicht auf den Markt zu bringen[1].

b) Die Rechte aus den Aktien der Monopolgesellschaft und die Ansprüche auf den Monopolgewinn, die den Kreuger-Gesellschaften zustehen, gehen als vermögensrechtliche Ansprüche, denen keinerlei persönlicher Charakter innewohnt, auf den über, der die Gesellschaften übernimmt oder im Liquidationsverfahren diese Rechte erwirbt.

---
[1] Deutscher Vertrag § 1, Abs. 9.

## Zweites Kapitel.
# Rechtsverhältnisse bei Untergang des Schuldnerstaates.

Die praktische Bedeutung dieser Möglichkeit wird daraus ersichtlich, daß Kreuger seine Anleiheverträge meist mit schwächeren Staaten abgeschlossen hat, die, wie die Staaten des Balkans oder Südamerikas, auch finanziell zu den bedrängtesten Staaten gehören. Eine Schwierigkeit bei der Untersuchung dieser Frage ergibt sich daraus, daß der Schuldnerstaat sich in diesen Anleiheverträgen als Subjekt des Privatrechts verpflichtet hat, die möglichen Endigungsgründe jedoch dem Völkerrecht zuzurechnen sind, die Völkerrechtspersönlichkeit des Staates betreffen. Jedoch besteht, worauf Huber mit Recht hinweist, zwischen dem Staat als Glied der Privat- und Völkerrechtsordnung ein untrennbarer Zusammenhang. Wird der Wille des Staates gebrochen, als Rechtsperson des Völkerrechts aufzutreten, so wird er es ganz. „Der Staat kann, wenn er gar nicht mehr völkerrechtlich wollen kann, überhaupt nicht mehr wollen. Verliert er die völkerrechtliche Persönlichkeit, so verliert er seine ganze Rechtspersönlichkeit."[2]

Unter diesem Gesichtspunkt der Beendigung der Rechtspersönlichkeit sind folgende Tatbestände zu untersuchen:

a) Die Beschränkung der Rechtspersönlichkeit durch einen Protektoratsvertrag (Frankreich-Marokko) und durch den Zusammenschluß mehrerer Staaten zu einem Bundesstaat. (Gründung des Deutschen Reichs im Jahre 1870.)

b) Die Einverleibung eines Staates in einen andern. (Koreas in Japan.)

c) Die Zergliederung eines Staates (der Zerfall Österreich-Ungarns nach dem Weltkrieg).

d) Die Verschmelzung mehrerer Staaten zu einem Einheitsstaat (die Vereinigung von Neu-Granada und Venezuela zum Staat Columbia 1821—1831)[3].

e) Das Ausscheiden eines Staates aus einem Völkerrechtskreis. (Rußlands infolge der Umwandlung seiner Sozialverfassung.)

a) Der Protektoratsvertrag wirkt wie jedes andere Abkommen nur zwischen den Vertragsparteien und berührt dritte Mächte (etwa den Staat des Gläubigers) nur, wenn sie diesen Zustand anerkennen. Enthält ein solcher Vertrag auch einschneidende Klauseln über die früheren Staatsschulden des protegierten Staates, so kann zur Bedingung der Anerkennung die Übernahme der Schulden durch den Protektorstaat gemacht werden[4]. In der Regel ist dies jedoch nicht einmal erforderlich, da beim

---
[2] Huber, l. c. S. 157.
[3] Schönborn, l. c. 1913, S. 114.
[4] Anzilotti, l. c. 1929, S. 175—176.

Schutzstaat wie bei den Staaten, die sich zu einem Bundesstaat zusammenschließen, nur die Völkerrechtspersönlichkeit beschränkt wird, während die Privatrechtssubjektivität des betreffenden Staates davon unberührt weiterbesteht[5].

b—d) Die Einverleibung, Zergliederung und Verschmelzung zum Einheitsstaat können gemeinsam behandelt werden. In all diesen Fällen erlischt das frühere Völkerrechtssubjekt, und es bestehen zwischen ihm und dem Rechtssubjekt, das seine Herrschaft jetzt auf das Gebiet des untergegangenen Staates ausdehnt, nicht ohne weiteres Beziehungen rechtlicher Natur. Jedoch auch hier ist zu berücksichtigen, daß eine solche Veränderung des früheren von den Mächten ebenfalls anerkannten Rechtszustands ihnen nur dann entgegengehalten werden kann, wenn sie sich mit dieser Neugestaltung einverstanden erklärt haben. Um diese Zustimmung zu erhalten, wird der Neustaat sich auch bereit erklären, die finanziellen Verpflichtungen des Altstaates zu übernehmen. Jedoch ist damit noch nichts über die Rechtslage bei Fehlen vertraglicher Abmachungen ausgesagt. Ursprünglich wurde von Schönborn[6] im Gegensatz zur Subrogationstheorie Hubers[7] die Auffassung vertreten, daß mangels irgendwelcher Rechtsbeziehungen zwischen Alt- und Neustaat die Schulden des Altstaates nicht auf den Gebietsnachfolger übergehen. Jedoch gibt auch er neuerdings[8] zu, daß mindestens in Kontinentaleuropa sich ein entgegengesetztes Gewohnheitsrecht durchgesetzt hat. Dieses beruht auf der Billigkeitserwägung, daß der Neustaat sich regelmäßig in den Besitz der Aktivmasse des untergegangenen Staates setzt. Er nimmt nicht nur dessen Staatseigentum für sich in Anspruch, was er auch in einem konkreten Fall unterlassen könnte, sondern er erhebt Steuern und Zölle auf dem Gebiet des Altstaates, zieht also notwendigerweise aus dessen Aktiva Nutzen, wenn er überhaupt seine Herrschaft ausüben will. Ist dies der Fall, so widerspricht es einem unbefangenen Rechtsdenken, daß jemand zwar die Aktiva eines Vermögens sich aneignet, jedoch von den Schulden nichts wissen will. So verweist schon Westlake[9] auf den römischen Satz: „Res transit cum suo onere, bona non intelligentur nisi deducto aero alieno." Diese Treu und Glauben entsprechende Erwägung hat sich auf Grund der Staatenpraxis[10] zu einem Satz des Gewohnheitsrechts verdichtet: Wer sich die Aktiva einer Vermögensmasse aneignet, muß sich so behandeln lassen, als ob er die Passiva übernommen hätte.

e) Dieser letzte Endigungsgrund ist von besonderer Bedeutung. Die Frage, ob eine grundlegende Umgestaltung der Sozialverfassung die

---

[5] Huber, l. c. S. 163—171.
[6] Schönborn, l. c. 1913, S. 82, 114 und 118.
[7] Huber, l. c. S. 24—25.
[8] Schönborn, l. c. 1925, S. 587.
[9] Westlake, l. c. S. 74.
[10] Vgl. Huber, l. c., und Schönborn an der in Anmerkung 8 zitierten Stelle.

Völkerrechtssubjektivität beseitigt, ist angesichts der russischen Revolution und jeder sonstigen sozialistischen Revolution für das Schicksal der Anleiheforderung so entscheidend, daß dieser Tatbestand eine eingehende Untersuchung rechtfertigt. Um zu entscheiden, ob aus diesem Grund die Völkerrechtspersönlichkeit erlischt, sind zunächst zwei Vorfragen zu klären.

1. Gibt es ein einziges weltumspannendes Völkerrechtssystem oder mehrere in sich geschlossene Völkerrechtskreise?

Die erste Auffassung entspricht dem liberalen Denken des 19. Jahrhunderts. Für dieses ist es selbstverständlich, daß für alle Völkerrechtssubjekte genau wie für alle Menschen entsprechend dem Vorherrschen naturwissenschaftlicher Betrachtungsweise gleiches Recht zu gelten hat. Demgegenüber setzt sich heute immer mehr das Bewußtsein durch, daß die wirtschaftlichen, kulturellen, ethischen und religiösen Auffassungen wenigstens noch einigermaßen übereinstimmen müssen, wenn man von einer Rechtsgemeinschaft reden soll. Man erkennt allmählich wieder, daß strukturelle Homogenität der Rechtssubjekte Voraussetzung jeder Rechtsgemeinschaft ist[11]. Klar kommt diese Auffassung bei Fachiri[12] zum Ausdruck: „The reason for this rule is that international law has grown up among communities having a civilization, culture and moral conceptions of, more or less, the same kind, with certain basic ideas common to all."

2. Welche Wirkungen hat die Beseitigung dieser Homogenität durch ein Völkerrechtssubjekt? Setzt die Zugehörigkeit zu einem Völkerrechtskreis Homogenität voraus, so folgt aus der Anerkennung einer Wesenheit als Völkerrechtssubjekt, daß der Anerkennungsvertrag[13] nur so lange rechtsgültig ist, als die der Anerkennung zugrunde liegenden Voraussetzungen bestehen.

Fällt diese Vertragsgrundlage weg, so hat die betreffende Wesenheit keinen Anspruch mehr darauf, noch als Glied dieser Rechtsgemeinschaft angesehen zu werden. Sie scheidet aus ihr aus. Hat diese Entität die Kraft, sich gegenüber der anderen Rechtsordnung zu behaupten, sich ihr gegenüber durchzusetzen, so wird sie zum Zentrum eines eigenen Rechtskreises. Diese Rechtskreise stehen sich dann zunächst ohne rechtliche Beziehungen gegenüber und gewinnen solche nur durch vereinbarte Partikulärnormen.

An den Beziehungen des revolutionären Rußland[14] zum westeuropäisch-amerikanischen Raum wird dieses Vorhandensein verschiedener Rechts-

---

[11] Wertvolle Anregungen verdanke ich gerade in diesem Punkt Herrn Privatdozenten Dr. Schmid-Tübingen. Vgl. dazu auch Korowin, l. c. S. 7 und 8, und Schmitt, l. c. S. 68—69 und 77—79. Er sieht in der Homogenität wenigstens eine Voraussetzung des Bundes.

[12] Fachiri, l. c. S. 33.

[13] Anders, wenn man, wie Strupp, Grundzüge 1928, S. 47, die Vertragsnatur des Anerkennungsvertrages leugnet. Vgl. dazu Anzilotti, l. c. 1929, S. 119 ff.

[14] Vgl. zum Folgenden die ausführliche Darstellung dieser Beziehungen bei Korowin, l. c.

kreise am besten evident. Erste Etappe: mit der sozialistischen Revolution von 1917 scheidet Rußland als Völkerrechtssubjekt aus dem bürgerlichrechtsstaatlichen Völkerrechtskreis aus. Interventionen der ihm angehörigen Mächte versuchen, die alte Rechtsordnung wiederherzustellen. (Diese Maßnahmen können weder als völkerrechtsmäßig noch völkerrechtswidrig angesehen werden, da es keine beide Kreise verbindenden Normen gibt, nach denen dieses Vorgehen gewertet werden kann.) Die zweite Etappe wird damit eingeleitet, daß sich die Sowjetunion gegenüber diesen Angriffen behauptet und eigene Rechtsnormen entwickelt. In der dritten Etappe steht die Union heute. Sie knüpft zu einzelnen Mitgliedern der westeuropäisch-amerikanischen Völkerrechtsgemeinschaft Rechtsbeziehungen an, die als Partikulärnormen allein für ihr Verhältnis zu diesen Mächten maßgebend sind. Hierbei ist als Beleg für die von uns vertretene Auffassung festzuhalten, daß alle Staaten, die mit der Union die Verbindung wieder aufnehmen, nicht nur die Sowjetregierung, sondern auch die Sowjetunion als solche anerkennen. Damit wird zum Ausdruck gebracht, daß es sich bei der russischen Revolution nicht um eine der üblichen Verfassungsrevolutionen handelt. Diese berühren nicht den Bestand des Rechtssubjekts, es wechselt in diesem Fall nur die Regierung, das völkerrechtliche Repräsentationsorgan[15]. Die russische Revolution hat dagegen auch dieses Rechtssubjekt vernichtet, und auch dieses muß neu anerkannt werden, wenn man zu ihm rechtliche Beziehungen aufnehmen will. Die weitere Untersuchung kann also davon ausgehen, daß es **mehrere Völkerrechtskreise gibt und ein grundlegender Wandel in der Sozialverfassung eines Staates den Verlust der Völkerrechtspersönlichkeit in dem Rechtskreis zur Folge hat, dem der betreffende Staat früher angehört hat.** Auf dieser Basis sind die Hauptfragen zu entscheiden:

1. Ist hier die Rechtslage nicht genau so wie in den unter b—d besprochenen Fällen? Auch dort entsteht ein neues Rechtssubjekt, das auf Grund des oben entwickelten Gewohnheitsrechtssatzes verpflichtet ist, mit den Aktiva des erloschenen Rechtssubjekts auch die Passiva zu übernehmen.

2. Liegt in der Nichtanerkennung dieser Verpflichtung nicht eine Verletzung des völkerrechtlich anerkannten Grundsatzes der wohlerworbenen Rechte?

Gegen die erste Behauptung könnte man zunächst einwenden, ein im westeuropäischen Rechtskreis geltendes Gewohnheitsrecht dürfe nicht ohne weiteres auf den russischen Rechtskreis übertragen werden, der hier als Prototyp des sozialistischen Rechtskreises herangezogen wird. Doch kann man in dieser Rechtsnorm eine Abwandlung des Satzes von Treu und Glauben sehen, der auch in diesem Rechtskreis nicht verleugnet

---

[15] Anzilotti, l. c. 1929, S. 132—134.

wird, und deshalb sei die Geltung dieses Gewohnheitsrechtssatzes auch für diesen Rechtskreis unterstellt.

Zweifelhafter ist es, ob der Grundsatz der wohlerworbenen Rechte gegenüber einem ganz anders gearteten Rechtskreis geltend gemacht werden kann, wenn nicht, wie im Verhältnis der bürgerlichen Staaten gegenüber Rußland, dies durch Partikulärnormen ausdrücklich vereinbart ist. Jedoch ist damit das Problem nur für den konkreten Fall gelöst, während es uns darauf ankommt, generell die Frage zu beantworten, ob dieser Grundsatz gegenüber einem sozialistisch aufgebauten Rechtskreis geltend gemacht werden kann. Das Beispiel der Agrarreformen gibt uns auf diese Frage keine Antwort. Für diesen Fall haben die gemischten Schiedsgerichte und die Haager Cour zwar die Geltung des Prinzips der wohlerworbenen Rechte bejaht. Jedoch ist hier die Rechtslage eine ganz andere. Der Zweck dieser Agrarreformen, der „effet", wie sich die Cour ausdrückt, war hier weniger die Veränderung des sozialen als des nationalen Habitus[16]. In der Benachteiligung von Minderheiten kann jedoch eine solche grundlegende Strukturänderung nicht gesehen werden. Dazu kommt, daß gerade die Fürsprecher dieser Staaten immer betont haben, diese Reformen hätten den Zweck, den Bolschewismus abzuwehren, d. h. gerade eine solche grundlegende Strukturänderung zu verhindern[17]. Wenn dem so ist, wenn man die bisherige Wirtschaftsverfassung durch einen derartigen Umbau nur stabilisieren will, so kann man sich nicht zur gleichen Zeit der Anwendung eines Satzes entziehen, der zu ihren Grundlagen gehört. Dieser ausdrücklich erklärte Wille, weiter dem bürgerlich-rechtsstaatlichen Völkerrechtskreis angehören zu wollen, wiegt bei der Zurechnung zu einem Normensystem schwerer als die automatische Dynamik der Strukturveränderung. Von diesem Standpunkt aus sind die erwähnten Entscheidungen ganz folgerichtig, nur sagen sie nichts darüber aus, ob der Grundsatz der wohlerworbenen Rechte nur für den bürgerlich-rechtsstaatlichen Völkerrechtskreis gilt[18]. Dieser Auffassung ist Pillet[19], der sich als einer der ersten mit dieser Lehre der wohlerworbenen Rechte befaßt hat: „L'idée qu'un acte régulièrement accompli en un lieu peut

---

[16] Erich Kaufmann, l. c. S. 1258.

[17] Duguit, l. c. S. 471 und 495: „Elle (Rumänien) a fondé sur de nouvelles bases la propriété foncière. Elle a voulu la généraliser et par là même lui donner une assiette plus solide pour éviter une révolution paysanne et maintenir l'ordre et la paix par la justice." „Bien loin de préparer les voies au bolchévisme, la Roumanie est le boulevard avancé de la civilisation latine et occidentale contre la barbarie asiatique." „Le principe de la propriété individuelle reste à la base de sa réforme agraire. Si l'Etat intervient, ce n'est point pour le supprimer, mais bien au contraire pour lui donner un fondement plus large et plus solide."

[18] Vgl. dazu das in Anmerkung 14 zum 7. Abschnitt Gesagte. Die Bedenken, die gegen die Geltung dieses Satzes im bürgerlich-rechtsstaatlichen Völkerrechtskreis gelten, finden sich bei Williams, l. c. 1928 gut zusammengestellt.

[19] Pillet, l. c. 1903, S. 505, 514—515 und 529, 530.

produire ses effets et recevoir son exécution dans un autre lieu soumis à l'empire d'une loi ou d'une coutume différente n'est entrée pour rien dans les speculations des jurisconsultes statutaires." „La grande force de ce principe est dans son évidente nécessité." „Oserait-on dire qu'un commerçant, qu'un voyageur sorti de sa patrie n'est plus propriétaire des marchandises qu'il transporte avec lui?" „Faire apparaître ces conséquences, suffit à montrer la nécessité du principe, qui, seul permet de les écarter." „Voici donc, trois formes différentes, sous lesquelles se présente à nous, dans le commerce international, la grande idée du respect des droits acquis."

Pillet, der ausdrücklich darauf hinweist, daß den Juristen früherer Zeiten dieser Gedanke nie gekommen ist, erklärt ihn zutreffend aus den Forderungen, die Weltwirtschaft und Weltverkehr an die zu dieser Wirtschaftsverfassung gehörigen Staaten stellen. Könnte man so — immer unter der Voraussetzung, daß vereinbarte Partikulärnormen nichts Gegenteiliges bestimmen — mit Grund bestreiten, daß der Grundsatz der wohlerworbenen Rechte über den bürgerlich-rechtsstaatlichen Völkerrechtskreis hinaus Geltung beanspruchen darf, so würde sich — selbst bei Unterstellung dieser weiteren Geltung — die Schlagkraft beider Normen am „ordre public", an den Fundamentalsätzen brechen, auf denen sich der sowjetrussische Völkerrechtskreis aufbaut. Korowin weist darauf hin, daß vom Standpunkt der in seinem Rechtskreis herrschenden Rechtsmoral aus die Rückzahlung einer Auslandsanleihe die Erfüllung eines unsittlichen Rechtsgeschäfts darstellen würde. „Jede Auslandsanleihe ist eine der Methoden der internationalen Selbstbehauptung der herrschenden Klasse, ein Mittel, um die ideelle und materielle Solidarität der herrschenden Klassen zweier oder mehrer Staaten auszudrücken."[20] Deshalb, weil vom Standpunkt des Sowjetrechts aus jede Auslandsanleihe zur Ausbeutung und Niederhaltung der russischen Arbeiter und Bauern abgeschlossen wurde, kann in diesem Fall der Grundsatz der wohlerworbenen Rechte nicht durchdringen, selbst wenn er eine in allen Rechtskreisen geltende Norm wäre. Die Begrenzung dieses Satzes durch den „ordre public" wird auch von den Schriftstellern zugegeben, die sonst für seine weitgehendste Anwendung eintreten. So schreibt Bullington[21]:

„The abolition of the institution of slavery, caused large monetary losses to foreigners, yet no government lodged any protest on behalf of its citizens thus injured."

Daraus ergibt sich, daß in diesem Fall im Gegensatz zu den unter b—d besprochenen keine Rechtspflicht für das neue Völkerrechtssubjekt besteht, für die finanziellen Verbindlichkeiten des untergegangenen Rechtssubjekts aufzukommen.

---

[20] Korowin, l. c. S. 28.
[21] Bullington, l. c. S. 704.

Neunter Abschnitt.
# Völkerrechtliche Verantwortlichkeit bei Verletzung der Kreuger-Verträge.

Es bleibt zu untersuchen, mit welchen Ansprüchen aus der Völkerrechtssphäre der Schuldnerstaat bei Verletzung der Kreuger-Verträge zu rechnen hat. Da diese Verträge in das Gebiet des Landesrechts fallen, so können völkerrechtliche Ansprüche nur dann entstehen, wenn durch die Nichterfüllung dieser privatrechtlichen Pflichten gleichzeitig völkerrechtliche Beziehungen zum Entstehen kommen.

## Erstes Kapitel.
## Tatbestandsmerkmale und Ziel des Anspruchs.

a) Die erste Voraussetzung eines solchen völkerrechtlichen Anspruchs ist, daß in einer gegen die Grundsätze des Völkerrechts verstoßenden Weise eine Privatperson geschädigt worden ist. Diese Rechtsverletzung besteht in der Regel der Fälle in der Beeinträchtigung wohlerworbener Rechte[1].

b) Jedoch kann nicht jeder beliebige Staat der geschädigten Privatperson zu Hilfe kommen. Es muß zwischen beiden eine besonders enge Beziehung bestehen, die es rechtfertigt, daß gerade dieser Staat und nicht irgendein anderer sich ihrer annimmt. Dieses Verhältnis ist nur zwischen der Privatperson und ihrem Heimatstaat gegeben. Unter „Heimatstaat" soll der Staat verstanden werden, dessen Staatsangehörigkeit die Privatperson besitzt. Dabei wird vorausgesetzt, daß physische und juristische Personen gleich zu behandeln sind, daß also, worauf später noch ausführlicher zurückzukommen ist, auch diesen eine Staatsangehörigkeit zukommt. Der Besitz der Staatsangehörigkeit des intervenierenden Staates ist also ein weiteres konstituierendes Merkmal des völkerrechtlichen Anspruchs[2]. Diese Voraussetzung ist nicht erfüllt, wenn ein Anspruch von einem Ausländer nur deshalb an den Staatsangehörigen eines anderen

---
[1] Vgl. oben dritten Abschnitt, 2. Kap., Text zu Anmerkung 10 und Anmerkung 51, siebten Abschnitt, Anmerkung 14 und achten Abschnitt, e.
[2] Moore, l. c. 1906, Bd. 6, S. 628 ff.

Staates übertragen wird, um dessen Staat zur Intervention³ zu veranlassen⁴.

c) Weiter kann sich der Schuldnerstaat, der auf eine geordnete Verwaltung und Rechtsprechung hinweisen kann, darauf berufen, daß der Ausländer noch nicht von dem ihm nach Landesrecht zur Verfügung stehenden Rechtsbehelfen erschöpfend Gebrauch gemacht habe, insofern also noch gar keine endgültige Entscheidung vorliege oder diese nur infolge eigenen Verschuldens der betreffenden Privatperson zustande gekommen sei (Fristversäumnis u. dgl.)⁵. Dieser Weg ist nur dann nicht zumutbar, wenn, wie in dem der englisch-deutschen Venezuela-Intervention zugrunde liegenden Fall eine Garantie für die Unabhängigkeit der richterlichen Behörden des Schuldnerstaates nicht gegeben ist. Dann würde die Absolvierung des Instanzenzugs nur die Erfüllung einer leeren Form bedeuten⁶.

Liegen diese drei Voraussetzungen vor, so kann ein Staat gegen den Schuldnerstaat vorgehen⁷.

d) Ziel des Anspruchs ist die Leistung von Schadenersatz für die in der Nichterfüllung des privatrechtlichen Vertrags liegende Völkerrechtsverletzung⁸. Der Umfang dieses Schadens ist nicht unbedingt identisch mit dem materiellen Schaden, der dem geschädigten Angehörigen des intervenierenden Staats erwachsen ist⁹. Jedoch kann der Staat seinen Anspruch darauf beschränken. In erster Linie kann Naturalrestitution verlangt werden¹⁰. Ist diese nicht möglich, so ist an den Berechtigten der Geldwert der Naturalrestitution zu leisten, insbesondere entgangener Gewinn zu entschädigen. Davon „sind die voraussichtlichen Unterhaltungskosten der den Gewinn abwerfenden Güter sowie die erlittenen Verluste in Abzug zu bringen"¹¹.

---

³ Inwieweit die „Intervention" ein Rechtsbegriff des Völkerrechts ist, soll im 2. und 3. Kap. untersucht werden.

⁴ Moore, l. c. 1906, Bd. 6, S. 639: „It is a settled rule in this Department that a claim which the Department can not take cognizance of in its inception because of the alienage of the creditor, is not brought within the cognizance of the Department by its assignment to a citizen of the United States." Vgl. ebenda, S. 640—641.

⁵ Moore, l. c. 1906, Bd. 6, S. 656—657; Drago, l. c. S. 256; Scott, l. c. S. 388 bis 389; Strupp, l. c. 1928, S. 50.

⁶ Über diesen Fall des denial of justice vgl. Moore, l. c. 1906, Bd. 6, S. 677—693 und 651—656; ebenso Moore, l. c. 1898, Bd. 3, S. 3074—3224; Borchard, l. c. S. 291.

⁷ Diese Rechtspraxis läßt sich nach Schmid, l. c. Nr. 133 dahin zusammenfassen: „Jeder Staat ist völkerrechtlich berechtigt, seine Angehörigen, die von einem anderen Staat völkerrechtswidrigerweise geschädigt worden sind, insoweit zu schützen, als diese von dem schädigenden Staat auf dem ordentlichen Rechtsweg keine Genugtuung erlangen können."

⁸ Vgl. Schmid, l. c. Nr. 186 und 189; Haager Cour, Série A, Nr. 1, S. 30 und Nr. 9, S. 21.

⁹ Schmid, l. c. Nr. 188.

¹⁰ Schmid, l. c. Nr. 186; Decencière, l. c. S. 246; Strupp, l. c. 1920, S. 210.

¹¹ Schmid, l. c. Nr. 198.

## Zweites Kapitel.
# Qualifikation des Anspruchs.

Dieser völkerrechtliche Anspruch des Heimatstaates, dessen Existenz in Theorie und Praxis des Völkerrechts überwiegend anerkannt ist, bedarf einer genaueren Analyse.

a) Zunächst steht fest, daß es sich um einen **eigenen** Anspruch des betreffenden Staates handelt[12].

Daraus läßt sich zweierlei folgern:

1. Es steht im Ermessen des Staates, ob er diesen Anspruch geltend machen will. Es besteht keine völkerrechtliche Pflicht des Staates zu seiner Geltendmachung[13].

2. Die Angehörigen eines Staates können auf diesen Anspruch nicht verzichten, weil er ihnen nicht zusteht, sondern für sie ein jus tertii darstellt. Daraus ergibt sich die Bedeutungslosigkeit der sogenannten Calvo-Klausel, wonach sich Ausländer gegenüber einem Staat vertraglich verpflichten, unter keinen Umständen den Schutz ihres Heimatstaates anzurufen[14].

b) Wie verhält sich dieser Anspruch zu dem Recht auf Intervention?

Über diesen Begriff besteht in der Literatur noch keinerlei Klarheit. Die einen fassen unter ihm völkerrechtsgemäße und völkerrechtswidrige Handlungen zusammen[15]. Andere schließen die völkerrechtsgemäßen[16]

---

[12] Borchard, l. c. 1910, S. 47 und l. c. 1915, S. 178; Schmid, l. c. Nr. 142; Williams, l. c. 1924, S. 3.

[13] Martens, l. c. S. 387; Politis, l. c. 1894, S. 218. Aus der Staatenpraxis vgl. die Note von Palmerston von 1848, Wortlaut bei Williams, l. c. 1924, S. 10; die Ausführungen des französischen Außenministers Pichon, Journal officiell du 8 Juin 1907, Débats parlementaires Chambre des Débutés, S. 1231; aus der deutschen Praxis den bei Kebedgy, l. c. S. 509 zitierten Fall: 1893 traten die Vertreter der „Freien Union deutscher Inhaber griechischer Staatspapiere" an den Reichskanzler heran und baten um Intervention. Sie wiesen darauf hin, der entscheidende Grund für die Anlage ihrer Werte in griechischen Papieren sei die Verheiratung des Kronprinzen von Griechenland mit der Schwester des deutschen Kaisers gewesen. Caprivi lehnte jede Intervention ab und riet den Vertretern, sich mit den englischen Gläubigern zusammen unmittelbar an die griechische Regierung zu wenden.

[14] Moore, l. c. Bd. 6, S. 294: „This government can not admit that its citizens can, merely by making contracts with foreign powers, or by other methods not amounting to an act of expatriation or a deliberate abandonment of American citizenship, destroy their dependence upon it or its obligations to protect them in case of a denial of justice."

[15] Meyer-Balding, l. c. S. 393: „Unter völkerrechtlicher Intervention im weitesten Sinne versteht man die eigenmächtige Einmischung eines Staates in die inneren Angelegenheiten eines unabhängigen anderen Staates gegen dessen Willen."

[16] Strupp, l. c. 1928, S. 44: „Wir konnten den Begriff der Intervention bestimmen als eine Einmischung seitens eines Staates in die inneren oder äußeren Angelegenheiten eines anderen Staates, eine Einmischung, die, ohne auf einen besonderen Rechtstitel gestützt zu sein, der sich aus Völkergewohnheit oder Vertragsrecht herleitet, sich durch offene Gewalt vollzieht." usw.

und eine dritte Gruppe die völkerrechtswidrigen Handlungen aus[17]. Die erste Auffassung kann ausgeschieden werden, da sie infolge der Zusammenkoppelung von rechtmäßigen und rechtswidrigen Handlungen nichts über den besonderen Charakter des zu untersuchenden Anspruchs aussagen kann. Ebenso sind die Fälle für die Zwecke dieser Arbeit unerheblich, die Strupp unter Intervention zusammenfaßt. Dort handelt es sich nur um solche, die nicht auf irgendeinem Rechtstitel beruhen, also völkerrechtswidrig sind. So bleibt nur noch die letzte Auffassung übrig, die von Stowell vertreten wird:

„Interposition may be defined as justifiable action undertaken by a state to induce another state to respect its rights under international law, including the rights of its nationals."[17]

Diese Definition enthält zwei wichtige Bestandteile: Einmal kann es der Zweck der von dem intervenierenden Staat unternommenen Aktion sein, die Rechte seiner Untertanen zu wahren. Der Staat übernimmt seinen Untertanen gegenüber eine Rechtshilfefunktion, er macht zu ihren Gunsten gegenüber dem Schuldnerstaat einen Rechtsschutzanspruch geltend. Mit dieser Feststellung begnügen sich die meisten Schriftsteller, die sich mit diesem Anspruch beschäftigen[18].

Die Geltendmachung des Rechtsschutzanspruchs ist jedoch nicht Selbstzweck. Der intervenierende Staat will dadurch den Schuldnerstaat veranlassen, „to respect its rights under international law", wie dies Stowell richtig ausdrückt. Ebenso faßt die Cour diesen Gedanken:

„L'Etat fait valoir son propre droit, le droit de faire respecter en la personne de ses resortissants le droit international."[19]

Der Rechtsschutzanspruch ist danach das Mittel zur Ausübung der Rechtspflegefunktion des Staates, dem Völkerrecht Geltung zu verschaffen Es liegt also in Wirklichkeit ein Rechtspflegeanspruch vor.

Drittes Kapitel.

# Die Mittel zur Durchsetzung des Rechtspflegeanspruchs.

Der Staat, dessen Angehöriger völkerrechtswidrig behandelt wurde, ist nach den oben entwickelten Grundsätzen allein dazu legitimiert, für diesen Bruch des Völkerrechts Sühne zu verlangen. Ob man diese Einmischung als Intervention bezeichnet oder darin nur verkannte Fälle der Repressalie sieht[20], soll hier nicht untersucht werden. Auf alle Fälle steht fest, daß

---

[17] Stowell, l. c. S. 2.
[18] Basdevant, l. c. 1904, S. 455; Strupp, l. c. 1925, Bd. 8, S. 77; Vattel, l. c. Bd. 2, Kap. 18, § 347, vol. 1, S. 534.
[19] Haager Cour, Série A, Nr. 20, S. 17 und Nr. 2, S. 12.
[20] Strupp, l. c. 1925, S. 7; Basdevant, l. c. S. 420—421; Pflug, l. c. S. 52. Nach Liszt-Fleischmann, l. c. S. 441 unterscheidet sich die Intervention, die er eben-

sich der Staat nicht ohne einen Rechtstittel zum Eingreifen entschließt, sondern mit seiner Invention einen ihm zustehenden Rechtsschutz- und Rechtspflegeanspruch realisiert. Darauf begrenzen Pillet und Wuarin[21] zweckmäßigerweise den Begriff der Intervention, in dem sie in ihr nur die **Sanktion, die vollstreckungsweise Durchsetzung eines ihnen zustehenden Rechtes** sehen.

Für die Mittel, die dabei üblicherweise angewandt werden, haben sich im Rechtsleben des Völkerrechts bestimmte Formen herausgebildet. Diese sind deshalb von Bedeutung, weil sie die Grenzen der rechtmäßigen Zwangsrealisierung solcher Rechte aufzeigen.

a) Hält die Regierung eines Staates die Ansprüche ihrer Staatsangehörigen für gerechtfertigt, so bringt sie diese zunächst von sich aus zur Kenntnis des Schuldnerstaates[22]. Auf diesen „use of good offices" beschränkte die amerikanische Vorkriegsdiplomatie ihre Intervention[23]. Die anglo-amerikanische Wissenschaft machte dabei noch die scharfe Unterscheidung zwischen Anleihen und sonstigen Verträgen, da bei den ersteren viel weniger Grund zur Einsetzung staatlicher Macht vorhanden sei[24].

b) Läßt sich durch derartige diplomatische Verhandlungen kein Erfolg erzielen, so bleibt als weitere Möglichkeit die Anrufung eines für die Rechtsbeziehungen der beteiligten Staaten zuständigen Schiedsgerichts[25] oder internationalen Gerichtshofs. Die Haager Cour beschränkt ihre Zuständigkeit nicht nur „auf Streitigkeiten, welche der Beurteilung nach Völkerrechtsnormen unterliegen; sie erstreckt sich auch auf Streitig-

falls als Mittel zur Durchsetzung eines behaupteten Anspruchs ansieht, von Retorsion und Repressalie dadurch, daß sie nicht gegen die fremden Staatsangehörigen, sondern als militärische oder nichtmilitärische Aktion gegen die fremde Staatsgewalt selbst gerichtet ist.

[21] Pillet, l. c. 1898, S. 87—88: „Dans le cas contraire, et s'il méconnaît quelqu'un de ces devoirs, l'Etat lésé par cette violation du droit peut très justement intervenir dans les affaires soit intérieures soit extérieures de la nation qui l'a offensé. Cette intervention est alors le seul moyen qu'il ait d'exiger la réparation, qui lui est due, elle apparaît comme le complétement nécessaire de son droit." Ebenso Wuarin, l. c. S. 139: „Nous préférons voir dans l'intervention, non un droit, mais la sanction du droit."

[22] Amtliche Denkschrift betr. Venezuela, 7. Anl.Bd. zu den stenographischen Berichten über die Verhandlungen des Reichstags, 10. Legisl.-Per. 2. Sess. 1900—1903, Nr. 786, S. 4958: „Bei dieser Sachlage hat die Kaiserliche Regierung nicht umhin gekonnt, die deutschen Reklamationen selbst einer Prüfung zu unterziehen und, soweit sie danach begründet waren, unmittelbar bei der Regierung der Republik anhängig zu machen."

[23] Moore, l. c. 1906, Bd. 6, S. 293 und 705—717: „That interposition is limited to the personal good offices of the agents of this government in behalf of persons who may consider themselves aggrieved." „It is not usual for the government of the United States to interfere, exept by its good offices, for the prosecution of claims founded on contracts with foreign governments."

[24] Vgl. Borchard, l. c. S. 282.

[25] Eine Zusammenstellung der so erledigten Fälle findet sich in den „Proceedings of the American Society of international law", 1910, S. 151, Note 7.

keiten, deren Gegenstand das Bestehen oder Nichtbestehen einer bloßen Tatsache ist. Eine Streitigkeit dieser Art liegt vor, wenn der Streit der beteiligten Staaten darüber geht, wie landesrechtliche Normen des einen oder anderen Staates anzuwenden sind"[26].

c) Ein nur vereinzelt angewandtes Mittel ist die Drohung mit dem Abbruch der diplomatischen Beziehungen[27].

d) So bleibt als letztes und am leichtesten zu Weiterungen führender Weg der, gegen den Rechtsbrecher Gewalt anzuwenden.

Zwischen den Staaten, welche die Porter-Konvention ratifiziert haben[28], ist diese Möglichkeit in begrenztem Rahmen ausgeschlossen. Dieses Abkommen bezieht sich auf Geldforderungen jeder Art, die dem Angehörigen eines Staates auf Grund eines Vertragsverhältnisses gegen einen fremden Staat zustehen. Darnach ist die Anwendung von Waffengewalt nur bei Nichteinlassung auf schiedsgerichtliche Erledigung oder Nichtausführung eines Schiedsspruchs zulässig. Ebenso sind die Staaten, die den Kellogpakt unterzeichnet haben, verpflichtet, nur mit friedlichen Mitteln Streitigkeiten aus Anleiheverträgen beizulegen. — Soweit es sich um Streitigkeiten zwischen Staaten handelt, die nicht diese Abkommen ratifiziert haben, oder soweit die Einschränkungen der Porter-Konvention und des Kellogpakts nicht Platz greifen, haben die Staaten freie Hand. Die einzige Schranke für ihr Handeln ist der Satz vom Mißbrauchsverbot[29].

Diese Feststellung ist deshalb von besonderer Bedeutung, weil die Vereinigten Staaten etwa seit 1913 ihre reservierte Haltung in der Bereitschaft zur Intervention aufgegeben haben. Eine offiziöse Mitteilung der „New York Times" vom 30. August 1918 bringt das zum Ausdruck[30]:

„Die Regierung will das Recht haben, eine ausländische Anleihe zu billigen. Wenn sie diese aber gebilligt hat, dann wird sie auch bereit sein, dem Darlehensgeber auf jede mögliche Weise zu helfen und dessen Interessen energisch und nachdrücklich zu vertreten, sowie alles zu tun,

---

[26] Schmid, l. c. Nr. 16.
[27] So Frankreich gegenüber Portugal 1894. Lippert, l. c. S. 988.
[28] Strupp, l. c. 1928, S. 92. Wortlaut bei Scott, l. c. S. 386—422.
[29] Vgl. dazu Leibholz, l. c. S. 106, Anm. 88.
[30] Görtz, l. c. S. 12. Diese veränderte Haltung kommt auch in dem China-Konsortium-Vertrag vom 15. Oktober 1920 zum Ausdruck, an dem auf amerikanischer Seite neben anderen Morgan beteiligt war: „In der Erwägung ferner, daß die betreffenden Regierungen ihren hier beteiligten Gruppen für alle im Verfolg des gegenwärtigen Übereinkommens durchzuführenden Unternehmungen ihre volle Unterstützung und weiterhin im Falle des Wettbewerbs für den Abschluß eines bestimmten Anleihevertrags die gemeinsame Unterstützung der diplomatischen Vertreter der vier Mächte in Peking für das Zustandekommen eines solchen Vertrags zugesichert haben." (Wortlaut bei Scott Nearing, l. c. S. 422ff.) Ebenso die Botschaft des Präsidenten Taft von 1921: „It is an effort frankly directed to the increase of American trade upon the axiomatic principle that the Government of the United States shall extend all proper support to every legitimate and beneficial American Enterprise abroad." (Finch, l. c. S. 25.)

was die Durchführung und Vollstreckung dieser als billig anerkannten Verträge sichert, die im guten Glauben von amerikanischen Staatsangehörigen im Ausland abgeschlossen worden sind."[31]

## Viertes Kapitel.
## Der Rechtspflegeanspruch im Verhältnis zum Grundsatz der Souveränität und Staatengleichheit.

So wirksam sich der oben besprochene Rechtspflegeanspruch in der Rechtsprechung und Praxis des Völkerrechts durchgesetzt hat, so wenig sind die Bedenken verstummt, die durch ihn die Souveränität und Gleichheit der Staaten gefährdet sehen[32]. Erst die Ausführungen von Anzilotti und Bruns haben hier Klarheit geschaffen[33].

a) Souveränität im Sinne freier Selbstbestimmung ist nur insoweit vorhanden, als die Völkerrechtsordnung selbst noch keine Regeln nach irgendeiner Richtung aufgestellt hat. Sie ist nur eine Tatsache, die nicht ein Gegenrecht gegenüber dem von einem anderen Staat geltend gemachten Rechtspflegeanspruch darstellt. Hat die Völkerrechtsgemeinschaft ein Rechtsgebiet in den Bereich ihrer Regelung einbezogen, so folgt eben daraus, wenn man diese Gemeinschaft will, daß der einzelne Staat sich in sie einzugliedern hat und Unabhängigkeit nur insoweit beanspruchen kann, als sie ihm von dieser Rechtsgemeinschaft gewährt wird. Das allein kann der Inhalt des Souveränitätsrechts im Gegensatz zur Souveränität als rein tatsächlicher Gegebenheit sein. Daraus folgt, daß das Souveränitätsrecht nie durch die Realisierung eines Anspruchs verletzt werden kann, der gerade für die Übertretung des Völkerrechts Sühne fordert.

b) Ebensowenig widerspricht der Gleichheitsgrundsatz dem Bestand des Rechtspflegeanspruchs. Drago führt gegen ihn an, er werde in der Rechtswirklichkeit nur gegenüber schwachen Staaten geltend gemacht. Dazu ist jedoch zu bemerken: ob ein Recht besteht oder nicht, kann nicht daraus abgeleitet werden, ob der Berechtigte es geltend macht. Dies liegt in seinem eigenen Ermessen. Wie er von diesem Gebrauch macht, entscheiden außerhalb rechtlicher Beurteilung liegende Gesichtspunkte.

---

[31] Ebenso wirksam ist in der Rechtswirklichkeit Nr. 61 der Rules and regulations of the Stock Exchange London, eine Regelung, die sich auch in den Börsenordnungen der anderen großen Geldmärkte findet: „Das Börsenkomitee wird neue Bonds nicht anerkennen, die von einem fremden Staat ausgegeben werden, der die Bedingungen einer früheren im Land ausgegebenen Anleihe verletzt hat, außer wenn die Mehrheit der Gläubiger nachträglich zugestimmt hat" (Zeitlin, l. c. S. 88—89.)

[32] Drago, l. c. S. 274; ebenso in seiner bei Strupp, l. c. 1928, S. 75—80 zitierten Note.

[33] Anzilotti, l. c. 1895, S. 29, und Bruns, l. c. 1929, S. 33.

Genau so gut könnte man das Bestehen irgendeines bürgerlich-rechtlichen Anspruchs damit zu widerlegen versuchen, daß jemand infolge tatsächlicher sozialer Abhängigkeit von diesem Rechtsbehelf keinen Gebrauch macht. Aufgabe dessen, dem diese Gleichheit der Staaten wichtig ist, kann nur die sein, für möglichst scharfe Herausarbeitung der Tatbestandsmerkmale des Anspruchs und der zu seiner Realisierung zulässigen Mittel zu sorgen. Dadurch allein läßt sich ein Rechtsmißbrauch kontrollieren und in gewissen Grenzen auch verhindern[34].

## Fünftes Kapitel.
## Die Staatsangehörigkeit der Kreuger-Gesellschaften.

Steht fest, daß nicht jeder beliebige Staat, sondern nur der Heimatstaat des Geschädigten den völkerrechtlichen Rechtspflegeanspruch geltend machen kann, so fragt sich, ob dieses Prinzip auf juristische Personen übertragen werden kann, ob auch ihnen eine eigene Staatsangehörigkeit zukommt.

Niboyet[35] bestreitet diese Möglichkeit. Seiner Ansicht nach kommt man da, wo diese Frage akut wird, auch ohne die Übertragung dieses für physische Personen allein passenden Begriffs auf juristische Personen aus. Schwandt[36] wendet dagegen mit Recht ein, es gäbe keinen stärkeren Beweis für das Unterworfensein der juristischen Person unter eine Staatsgewalt als deren Fähigkeit, sie durch Verleihung der Rechtsfähigkeit als Rechtsperson ins Leben zu setzen und durch den entgegengesetzten Akt als solche zu vernichten. Die Rechtspraxis geht deshalb auch mit Selbstverständlichkeit davon aus, daß die juristischen Personen bestimmten Staaten zuzurechnen sind. Nur besteht über das Kriterium, nach dem die Zuordnung erfolgen soll, keinerlei Übereinstimmung. Deshalb soll ohne Rücksicht auf die tatsächlichen Erfolge eines der möglichen Bestimmungsgrundsätze der gewählt werden, der allen möglichen Einwendungen gegenüber relativ am stichhaltigsten ist.

Die klassische Theorie nimmt an, daß der Sitz der Gesellschaft über ihre Staatsangehörigkeit und Rechtsfähigkeit entscheidet[37]. Von dieser Auffassung gehen die Entscheidungen der deutsch-englischen Schiedsgerichte aus[38]. Dieses Kriterium hat den Nachteil, daß Angehörige

---
[34] Bruns ebenda, S. 11.
[35] Niboyet, l. c. 1928, S. 4 und 18.
[36] Schwandt, l. c. 1912, S. 64; vgl. dazu auch Isay, l. c. S. 60ff.
[37] Isay, l. c. S. 76—94; Raleigh, l. c. S. 76.
[38] Recueil, t. a. m. Bd. 3, S. 265 und 573; Jur. Wochenschr. 1922, S. 1159. Geiler, ebenda, wendet das Sitzprinzip auch bei Tochtergesellschaften an. Diese haben dann eine andere Staatsangehörigkeit als die sie beherrschende Muttergesellschaft. In diesem Fall vertreten die U.S.A. das Kontrollprinzip. Moore, l. c. 1906, Bd. 6, S. 650: „A corporation was formed for that purpose under the laws of Salvador." „The pre-

eines Landes dadurch, daß die von ihnen gebildete Gesellschaft infolge ihres Sitzes in einem Staat dessen Staatsangehörigkeit besitzt, den Sitzstaat zur Geltendmachung völkerrechtlicher Ansprüche gegen ihren Heimatstaat veranlassen können[39]. Gerade in Zeiten starker Kapitalauswanderung ist vom rechtspolitischen Standpunkt aus dieses Kriterium bedenklich, weil es neue Reibungsflächen zu den vielen schon bestehenden Gegensätzen zwischen den Staaten hinzufügt.

Diesen Einwand muß sich auch die von Schwandt[40] vertretene Ansicht gefallen lassen. Er findet die engste Beziehung zwischen Staat und juristischer Person in ihrem Verhältnis zu dem Staat, der ihr die Rechtsfähigkeit verliehen hat. Darunter ist die primäre Rechtsfähigkeit zu verstehen, d. h. die, welche ihr nicht nur deshalb zugesprochen worden ist, weil sie bereits in einem anderen Staat Rechtsfähigkeit besitzt. Dieser Staat allein ist in der Lage, durch Gesetzgebungs- oder Verwaltungsmaßnahmen das von ihm geschaffene Rechtssubjekt wieder zu vernichten. Ein praktischer Unterschied zwischen diesem Grundsatz und dem Sitzprinzip liegt nur dann vor, wenn es nach den in Frage stehenden Rechtsordnungen möglich ist, daß der Verwaltungssitz sich in einem anderen Land befindet, als dem, das der juristischen Person die Rechtsfähigkeit verliehen hat.

Dem oben vorgetragenen Bedenken entgeht das durch die Liquidationspraxis der Großmächte[41] und die Rechtsprechung des deutsch-französischen Schiedsgerichts[42] entwickelte und in Artikel 74 und 297b V.F.V. kodifizierte Kontrollprinzip. Darnach wird eine Gesellschaft von dem beherrscht, „der den entscheidenden wirtschaftlichen Einfluß auf ihre Geschäftsführung ausübt. Im Zweifel ist dies die Majorität der Aktieninhaber dieser Gesellschaft, ohne daß es auf die formalrechtliche Befugnisse der Organe ankäme"[43]. Dabei läßt es die Haager Cour durchaus offen, ob nicht außerhalb des Gebiets der Liquidationen andere Umstände für die Bestimmung der Staatsangehörigkeit bei juristischen Personen entscheidend sind[44]. Gegen dieses Prinzip spricht einmal, daß es keine

---

sident and secretary of this company were citizens of the United States, and a majority of its shares was owned by the Salvador Commercial Company, a Corporation under the laws of the State of Calefornia, which corporation was the moving protector and spirit in the enterprise of developing the port of El Trianlo under the concession." „The Government of the United States intervened."

[39] Niboyet, l. c. 1928, S. 3.
[40] Schwandt, l. c. 1911, S. 63.
[41] Als Vergeltungsmaßnahme wurde das Kontrollprinzip während des Kriegs auch auf die Liquidationen in Deutschland angewandt (Güthe-Schlegelberger, Kriegsbuch 6, S. 768 ff.; R.G.Bl. 1916, S. 871).
[42] Recueil, t. a. m. Bd. 1, S. 404 ff. und Bd. 5, S. 779; Jur. W. 1922, S. 1157.
[43] Schmid, l. c. Nr. 165; Haager Cour, Série A, Nr. 7, S. 68—70.
[44] Schmid, l. c. Nr. 166; Haager Cour, ebenda, Nr. 7, S. 70; Geiler, Jur. W. 1922, S. 1159—1160.

Lösung gibt, wenn sich der Einfluß mehrerer Aktionärgruppen verschiedener Nationalität die Wage hält. Sodann liegt es nicht im Interesse der internationalen Rechtssicherheit, daß eine Gesellschaft mit der jeweiligen Weiterbegebung der Aktienpakete an einen Eigentümer anderer Nationalität wie ein Chamäleon ihre Staatsangehörigkeit wechselt.

Unter diesem Gesichtspunkt scheinen gegen die beiden zuerst genannten Bestimmungsgründe am wenigsten Bedenken zu bestehen. Bei Rechtsordnungen, die es zulassen, daß der Sitz der Gesellschaft im Ausland ist, erscheint dieser Anknüpfungspunkt zu sehr von Zufälligkeiten bestimmt zu sein. Dagegen erscheint es einleuchtend, eine solche Gesellschaft dem Staat zuzurechnen, der ihre Rechtspersönlichkeit nach seinem Ermessen zum Erlöschen bringen kann. Dem oben vorgebrachten rechtspolitischen Bedenken kann durch eine entsprechende Handhabung des Interventionsrechts Rechnung getragen werden. Dagegen ist zuzugeben, daß durch ein solches Prinzip die geschäftliche Betriebsamkeit der Zwergstaaten in der Anziehung ausländischer Gesellschaften gefördert wird. Hält man diese Flucht des Kapitals nicht für wünschenswert, so soll man den Fehler nicht in dem oben dargelegten Prinzip zur Bestimmung der Staatsangehörigkeit suchen, sondern in dem Organisationsprinzip, wonach solche Gebilde als unabhängige Staaten zu achten sind.

Nach diesem von Schwandt entwickelten Grundsatz soll nunmehr die Staatsangehörigkeit der an den Anleiheverträgen beteiligten Kreuger-Gesellschaften bestimmt werden. Die International Match Corporation und die American Turkish Investment Corporation sind Amerika, die Tändsticks A. B., Stockholm ist Schweden, und die N-V. Financieele Maatschappij den Niederlanden zuzurechnen.

---

[45] Über den finanziellen Aufbau der Kreuger-Gesellschaften, insbesondere über das Verhältnis von Mutter- und Tochtergesellschaften vgl. den Geschäftsbericht von Kreuger und Toll, A. B. für 1929, Stockholm 1930, S. 11; „Magazin der Wirtschaft" vom 25. Oktober 1928 und Bickerich, l. c. S. 257.

Schluß.

# Die Einwirkung der Kreuger-Verträge auf die völkerrechtlichen Beziehungen der Schuldnerstaaten.

Die Kreuger-Verträge sind zwar in das Privatrechtssystem der Schuldnerstaaten einzuordnen. Damit ist jedoch darüber noch gar nichts ausgesagt, wie sie auf die Sphäre des Politischen im entscheidenden Sinne des Wortes einwirken. Gerade deshalb, weil die Untersuchung dieser Verträge nicht Selbstzweck ist, sondern es vielmehr darauf ankommt, die Auswirkung von Verträgen dieser Gattung als solcher aufzuzeigen, ist eine Beschäftigung mit den Außenwirkungen dieser Verträge am Platz. Am deutschen Kreuger-Vertrag soll beispielhaft diese Beziehung aufgezeigt werden, weil er einmal für uns als Beteiligte am meisten Interesse beanspruchen darf und gerade bei ihm infolge der Verkoppelung mit dem Young-Plan diese wechselseitigen Ausstrahlungen aus der Welt der Hochfinanz in die Staatensphäre oder anders ausgedrückt, aus dem Privatins Völkerrecht besonders instruktiv aufgezeigt werden können.

a) Die Beziehungen zwischen dem deutschen Kreuger-Vertrag und dem Young-Plan.

1. Diese Verkoppelung wurde einmal dadurch herbeigeführt, daß das Inkrafttreten des zwischen dem Deutschen Reich und Kreuger abgeschlossenen Vertrags an den Austausch der Erklärungen über die Ratifikation des Young-Plans bis zum 31. Mai 1930 als Bedingung geknüpft wurde[1].

Diese Bindung des Anleihevertrags an den Young-Plan wird damit erklärt, daß Kreuger wie alle Welt damals sich von der Annahme des Young-Plans eine Stabilisierung der deutschen Verhältnisse versprach, und sich auch für seine Anleihe eine sichere Grundlage verschaffen wollte. Zur Begründung dieser These wird auf Artikel 248 V.F.V. verwiesen[2]. Die auf Grund dieses Artikels für die Besatzungs-Reparationskosten und sonstigen Verpflichtungen des Reichs an seinem Eigentum und den Staatseinnahmen bestehende Generalhypothek ist, wie der Reparationsagent

---

[1] § 5 des deutschen Kreuger-Vertrags.
[2] Frankfurter Zeitung, 23. Oktober 1929, erste M.-A.

Die Einwirkung auf die völkerrechtlichen Beziehungen der Schuldnerstaaten 55

immer wieder betonte, durch den Dawes-Plan nicht aufgehoben worden[3]. Sie stellte eine schwere Belastung des Reichskredits bei allen Anleiheverhandlungen dar und wurde erst durch Artikel 14 des Abkommens über die endgültige Annahme des Sachverständigenplans beseitigt[4]. Es ist möglich, daß Kreuger erst dann die Anleihe zur Verfügung stellen wollte, wenn die dadurch dem Reich zufließenden Beträge nicht mehr unter diese Haftung fielen.

Beachtlich ist auch eine andere Kombination[5]. Danach konnte Kreuger bei Abschluß des deutschen Anleihevertrags mit der Rückzahlung seiner an Frankreich gewährten Anleihe unter der Voraussetzung rechnen, daß Frankreich diese Rückzahlung mit den aus der Mobilisierungsanleihe erwarteten Beträgen vornehmen könne. Für die Richtigkeit dieser Ansicht spricht, daß es für Kreuger trotz seiner ausgezeichneten Finanzbeziehungen eine Erleichterung bedeutete, bei der Finanzierung der ersten Rate der deutschen Anleihe in Höhe von 50 Millionen Dollars seine sonstigen Finanzierungswege nicht in Anspruch nehmen zu müssen und damit für sonstige Operationen offen halten zu können[6]. Er war so nicht darauf angewiesen, für diese Zwecke durch Ausgabe eigener Obligationen den Kapitalmarkt in Anspruch zu nehmen. Er konnte dieses, wie die Geschichte der Young-Anleihe gezeigt hat[7], zweifelhafte Vergnügen den an ihr beteiligten Mächten überlassen und konnte doch auf dem Umweg über Frankreich 75 Millionen dieser Anleihe erhalten.

Wie weit die Einfügung dieser Bedingung von dem Wunsch diktiert war, durch die Inaussichtstellung[8] dieses für die Reichsfinanzen nur zu dringend benötigten Kredits einen Druck auf die Annahme des Young-Planes auszuüben, sei dahingestellt[9].

2. Wurde so von der Seite Kreugers aus eine Beziehung zum Young-Plan hergestellt, so hatten auch die Gläubigerstaaten, insbesondere Frankreich ein sehr intensives Interesse an dieser Anleihe.

---

[3] Commission der Réparations, l. c. S. 109—110.

[4] Entwürfe zu den Gesetzen über die Haager Konferenz, S. 57.

[5] Frankfurter Zeitung, 10. April 1930.

[6] Die erste deutsche Rate war am 30. August 1930 fällig. Die Zurückzahlung der französischen Anleihe war auf 30. Juni 1930 vorgesehen. (Berliner Börsen-Kurier, 22. April 1930.)

[7] Berliner Tagblatt A.-A., 12. Januar 1931; Schacht, l. c. S. 189—190.

[8] Der unmittelbare Vorteil der Kreuger-Anleihen für die Reichsfinanzen bestand trotz der erst am 30. August 1930 bzw. am 30. Mai 1931 fälligen Auszahlung in der Möglichkeit sofortiger Bevorschussung. Diese wurde auch sofort ausgenützt. (Frankfurter Zeitung und Berliner Tagblatt vom 27. März 1930.)

[9] Über die ebenfalls in dieser Richtung wirkende Bevorschussung der Differenz zwischen Dawes- und Young-Annuität vgl. Haager Abkommen über die Übergangsperiode und Schacht, l. c. S. 95—96. Reichsfinanzminister Moldenhauer gab im Reichstag die Erklärung ab: „Aus Gründen der Kassenlage hielt es die Regierung für richtig, für die Vorteile, die bei Schaffung des Monopols auch den der schwedischen Seite gehörenden Zündholzfabriken zuflossen, eine gewisse Gegenleistung durch Gewährung einer langfristigen Anleihe zu verlangen." (Reichstagsverhandlungen Bd. 426, S. 3850.)

Einmal legte die französische Regierung Wert darauf, daß der Kapitalmarkt nicht durch die Begebung der Kreuger-Anleihe zu stark angespannt werde. Sonst wäre der Erfolg der Frankreich in erster Linie zugute kommenden Mobilisierungsanleihe in Frage gestellt worden. Darum mußte sich das Deutsche Reich und Kreuger verpflichten, die von ihnen geplante Anleihe erst nach dem 3o. Juni 1933 im Wege öffentlicher Zeichnung aufzulegen[10]. Kreuger konnte sich mit dieser Lösung einverstanden erklären, da ihm auf dem Umweg über die Rückzahlung der französischen Anleihe aus der Mobilisierungsanleihe 75 Millionen Dollar zufließen sollten. Das Reich, an das diese 75 Millionen weitergeleitet werden sollten, konnte außerdem noch darin seinen Vorteil sehen, daß für diese Zwischenzeit der Kapitalmarkt für andere Emissionen des Reichs aufnahmefähig blieb. Bei einer solchen Politik geht man nur das eine Risiko ein, bei späterem vielleicht noch dringenderen Kapitalbedarf den Markt durch eine eigene Emission absorbiert zu sehen, für die man den Gegenwert schon erhalten hat.

Hatten die Gläubiger der ungeschützten Reparationsannuität ein Interesse daran, daß bei der Begebung der Kreuger-Anleihe nicht die Kreise der Mobilisierungsanleihe gestört würden, so waren sie noch mehr darauf aus, den Amortisations- und Zinsendienst ihrer Anleihe gegen eine Bevorzugung der Kreuger-Anleihe zu sichern. Der französische Vorstoß, diese wie eine Reparationsanleihe zu behandeln und ihren Zinsendienst über die Internationale Bank gehen zu lassen, konnte abgewehrt werden[11]. Das Deutsche Reich und Kreuger gingen nur die Verpflichtung ein, daß der Dienst der Young-Anleihe keine „discrimination", Benachteiligung gegenüber der Kreuger-Anleihe erfahren dürfe[10]. Diese Verpflichtung ist deshalb von Bedeutung, weil sich Anleiheschulden als obligatorische Verpflichtungen ranglos gegenüberstehen. Um die daraus sich ergebende Möglichkeit einer Bevorzugung Kreugers bei einer teilweisen Zahlungseinstellung des Reichs auszuschließen, wurde diese Klausel eingefügt. Damit übernahm das Reich die Verpflichtung, in diesem Fall seine finanziellen Verbindlichkeiten an beide Gläubiger nur in gleichem Verhältnis zu erfüllen.

b) Auch die sonstigen völkerrechtlichen Beziehungen des Schuldnerstaates können durch derartige Verträge beeinflußt werden. Je nachdem, inwieweit der Schuldnerstaat infolge seiner Finanzlage auf den Anleihegläubiger angewiesen ist, kann er sich dagegen wehren, in das politische Liniensystem eines solchen Trust eingezogen zu werden[12]. Im selben Maß wird auch seine Stellung zu Freunden und Feinden dieses Gebildes beeinflußt. Feind des Trusts ist jeder, der ihm nicht untertan ist, jeder, der ihm als unabhängiger Machtfaktor gegenübertritt. Als solcher Gegner

---

[10] Entwürfe zu den Gesetzen über die Haager Konferenz, S. 3o1 und 3o5.
[11] Berliner Börsen-Kurier, 18. Januar 193o.
[12] Marcus, l. c. S. 185, und Bickerich, l. c. S. 256.

Die Einwirkung auf die völkerrechtlichen Beziehungen der Schuldnerstaaten 57

des Zündholztrusts kommt heute nur noch Rußland in Frage, dessen Zündholzexport Kreuger gerade in den Randstaaten und Deutschland soviel zu schaffen gemacht hat[13]. Da er diesem Gegner mit konkurrenzkapitalistischen Mitteln nicht beikommen kann, so macht er durch Anleihegewährung die Staaten seinem Ziele dienstbar, den russischen Export zu unterbinden[14]. Die russische Handelsvertretung nahm deshalb auch gleich sehr scharf gegen den Vertrag Kreugers mit Deutschland Stellung: „Jede Maßnahme, welche die Einfuhr belastet, stellt einen feindlichen Akt gegen die Ausfuhrinteressen der U.S.S.R. dar"[15].

Prüft man unter diesem Gesichtspunkt das deutsch-russische Vertragswerk, so zeigt sich, daß der mit Kreuger abgeschlossene Vertrag keine Rechte der Sowjetunion verletzt.

1. Gemäß Artikel 5 des Rapallo-Vertrags „haben die beiden Regierungen den wirtschaftlichen Bedürfnissen der beiden Länder in wohlwollendem Geist wechselseitig entgegenzukommen"[16]. Aus dieser Bestimmung läßt sich keinerlei Schlußfolgerung ziehen. Wie Korowin[17] bei der Erwähnung einer entsprechenden Bestimmung der deutsch-russischen provisorischen Vereinbarung von 1921 anführt, fehlt hier noch jede Angabe, um die Beschaffenheit der von beiden Staaten erstrebten Gemeinschaft beurteilen zu können.

2. Ebensowenig läßt sich aus der in Artikel 4 des Rapallo-Vertrags und Artikel 5 des Hauptvertrags vereinbarten Meistbegünstigungsklausel entnehmen[18]. Ganz gleich, welche Fassung der Meistbegünstigung herangezogen wird, immer entsteht der Meistbegünstigungsanspruch nur bei bevorzugter Behandlung eines dritten Staates[19].

3. Schließlich sei noch auf Artikel 12 des deutsch-russischen Wirtschaftsabkommens verwiesen[20]:

---

[13] Der Gegensatz zwischen Kreuger und Rußland wird noch dadurch verschärft, daß er mit den Russen über die Lieferung des zur Zündholzfabrikation unentbehrlichen Espenholzes nicht einig werden kann. Da die Espenbestände der baltischen Randstaaten für den Bedarf des Trusts bei weitem nicht ausreichen, ist Kreuger an dieser Frage besonders interessiert. Vgl. Berliner Börsen-Zeitung vom 24. Oktober 1929; Wickel, l. c. S. 22 und 42.

[14] Beythlen (D.V.): „Die Pläne aber, welche der Trust mit der Ausnützung seiner Machtstellung verfolgte, haben dadurch eine arge Beeinträchtigung erfahren, daß die Sowjets ihrerseits mit einem großen Angebot von Zündhölzer auf dem deutschen Markt erschienen sind, zu Preisen, mit denen auch der Trust auf die Dauer nicht mehr konkurrieren konnte, wollte er — und das ist sein Zweck — verdienen und stark verdienen." (Reichstagsverhandlungen Bd. 426, S. 3831.)

[15] Hamburger Fremdenblatt und Berliner Börsen-Kurier vom 22. Oktober 1929.

[16] Cleinow, l. c. S. 5.

[17] Korowin, l. c. S. 79.

[18] Cleinow, l. c. S. 45.

[19] Bonhöffer, l. c. S. 3; Glier, l. c. S. 15; Korowin, l. c. S. 14; Makarow bei Cleinow, l. c. S. 275; Meine, l. c. S. 5; Riedel, l. c. S. 3—4.

[20] Cleinow, l. c. S. 98—99.

„Sofern einer der vertragschließenden Teile das Außenhandelsmonopol oder Ein- und Ausfuhr einengende Vorschriften eingeführt hat oder einführt, werden diese Vorschriften auf den anderen Teil nur insoweit angewandt, als sie in gleicher Weise auf alle anderen Länder Anwendung finden."

Da der Monopolgesellschaft auch das Einfuhrmonopol übertragen ist, so kann die Bevorzugung eines anderen Staates durch das Reich gar nicht in Frage kommen. Bei wem diese Gesellschaft, soweit sie importiert, diese Waren einkauft, ist ihre Sache. Ein Staat als solcher wird dadurch rechtlich nicht benachteiligt, was Rußland gerade bei der Handhabung seines Außenhandelsmonopols immer wieder betont hat. Da die vertraglich der Union eingeräumten Rechte durch den Kreuger-Vertrag nicht getroffen werden, so hat sie keine rechtliche Eingriffsmöglichkeit. Berührt wird nur die Intensität des zwischen beiden Staaten bestehenden politischen Verhältnisses. Auch darin liegt eine bemerkenswerte Auswirkung eines privatrechtlichen Vertrags.

c) In dem zwischen dem Deutschen Reich und Deutsch-Österreich abgeschlossenen Protokoll über die Angleichung der zoll- und handelspolitischen Beziehungen beider Länder[22] ist auf die Kreuger eingeräumten Rechte Rücksicht genommen. Da die Monopolgesellschaft ein Einfuhrmonopol für das deutsche Monopolgebiet besitzt, ist eine unbeschränkte Einfuhr von Österreich nach Deutschland ausgeschlossen, ohne daß dieses Monopol durchbrochen würde. Es ist deshalb für diesen Fall eine Sonderregelung vorgesehen[23]. Die lettische Regierung hat sich für einen solchen Fall vollständige Handlungsfreiheit gewahrt. In § 15 dieses Vertrags heißt es: „Die lettländische Regierung ist berechtigt, von den Vorschriften dieses Vertrags insoweit abzuweichen, als solches der Abschluß und die Realisierung eventueller Zollunionen mit den baltischen Staaten erfordern sollte."

Gerade diese Bestimmung, wie manche andere schon früher erwähnte dieses Vertrags, zeigt, daß auch ein Kleinstaat sich gegenüber der internationalen Finanzoligarchie durchsetzen kann. Voraussetzung dafür ist, daß er die Bedeutung seines Staatsgebiets im System seines Vertragspartners erkennt, daß er alle rechtlich ihm gebotenen Chancen ausnützt und durch seine Finanzpolitik in die Lage gestellt ist, auch einmal „Nein" sagen zu können.

---

[21] Anzilotti, l. c. 1929, S. 321; Hoijer, l. c. S. 270; Roxburgh, l. c. S. 32; Schmid, l. c. Nr. 91 u. 92.
[22] Wortlaut im Berliner Tagblatt, M.-A. 24. März 1931.
[23] Unter IV des Protokolls.

# Vertrag des Deutschen Reichs mit Kreuger
## vom 26. Oktober 1929.

Berlin, den 26. Oktober 1929.

Zwischen dem

*Deutschen Reich*
(hierunter Reich genannt)

einerseits und der

*Svenska Tändsticks Aktiebolaget, Stockholm*
(hierunter Stab genannt)

sowie der

*N.V. Financieele Maatschappij Kreuger & Toll in Amsterdam*
(hierunter Maatschappij genannt)

andererseits ist folgender Vertrag geschlossen worden:

§ 1.

Maatschappij verpflichtet sich, dem Deutschen Reich eine Anleihe von 125 000 000 (einhundertfünfundzwanzig Millionen) U.S.A.-Dollars zu gewähren. Diese Anleihe ist verzinslich mit 6% jährlich; die Zinsen sind nachträglich in zwei gleichen, halbjährlichen Teilbeträgen am 15. Januar und 15. Juli eines jeden Jahres fällig. Der Zinsenlauf beginnt mit dem 15. Juli 1930, der erste Zinsschein wird am 15. Januar 1931 fällig.

Die Anleihe wird vom 15. Juli 1940 an, erstmalig am 15. Januar 1941, in 80 annähernd gleichmäßigen Halbjahresraten zuzüglich der durch die Tilgung ersparten Zinsen im Wege der Auslosung oder des freihändigen Ankaufs getilgt. Maatschappij ist zur Kündigung der Anleihe nicht berechtigt. Das Reich ist berechtigt, die Anleihe jederzeit ganz oder zu einem Teil mit 6 monatiger Kündigungsfrist jeweils zu einem Zinstermin zur Rückzahlung zu kündigen, jedoch frühestens zum 15. Januar 1941; es kann ferner zum 15. Januar 1941 und in der folgenden Zeit eine verstärkte Tilgung eintreten lassen. Sofern Auslosungen stattfinden, werden sie im April und Oktober eines jeden Jahres vorgenommen, erstmals gegebenenfalls im Oktober 1940. Die ausgelosten Schuldverschreibungen werden von dem auf die Auslosung folgenden 15. Januar oder 15. Juli ab zum Nennbetrage eingelöst. Die erste Einlösung der ausgelosten Stücke findet demgemäß vom 15. Januar 1941 ab statt, so daß bei regelmäßiger Tilgung der Restbetrag der Anleihe am 15. Juli 1980 fällig ist.

Die Anleihe soll mit 93 (dreiundneunzig) vom Hundert an das Reich ausgezahlt werden, und zwar zu einem Teilbetrag von nom. 50 Millionen Dollars spätestens 7 Monate und zu dem Restbetrage von nom. 75 Millionen Dollars spätestens 16 Monate nach der Verkündung des Reichsgesetzes über das Zündwarenmonopol (§ 3 Monopolgesetz) im Reichsgesetzblatt.

Über die Anleihe sollen der Maatschappij auf den Inhaber lautende Teilschuldverschreibungen im Nennbetrage von je 100, 500 oder 1000 Dollars geliefert werden; für die Dauer der Sperrfrist (Absatz 9) werden jedoch statt dessen nur Stücke mit einem Nennbetrage von je wenigstens 500 000 Dollars geliefert. Die Lieferung der Stücke an Maatschappij erfolgt mit den vom nächsten Zinstermin ab fälligen Zinsscheinen bei Erhalt des Gegenwerts und entsprechend dem Gegenwert unter Vergütung von Stückzinsen.

Die Anleihebeträge werden bei einer zu vereinbarenden Bankfirma in New York zur Verfügung des Reichs gestellt.

Die nach Ablauf der Sperrfrist zu liefernden Schuldschreibungen sollen gemäß New York Stock-Exchange Usance ausgefertigt werden. Vom Deutschen Reich soll ein Fiscal Agent in New York auf Vorschlag der Maatschappij ernannt werden, der nach Vereinbarung mit dem Reich den Anleihedienst zu den niedrigsten usancemäßigen Kosten besorgen soll. Die Kosten des Fiscal Agent für seine eigene Tätigkeit werden vom Reich und Maatschappij je zur Hälfte getragen. Dem Reich fallen keinerlei weitere Kosten oder Aufwendungen zur Last, die aus oder im Zusammenhang mit diesem Vertrag entstehen könnten, insbesondere nicht die Kosten aus Anlaß der Weiterbegebung oder Börseneinführung der Schuldverschreibungen durch Maatschappij oder deren Rechtsnachfolger. Das Reich verpflichtet sich, dem Fiscal Agent die jeweils in Frage kommenden Zinsbeträge 10 Tage und Kapitalbeträge 30 Tage vor dem Fälligkeitstermin bei ihm zur Verfügung zu stellen. Mit den Zahlungen an den Fiscal Agent ist das Reich in Höhe der jeweiligen Zahlungen von seiner Zahlungspflicht befreit.

Die Zahlungen für den Zins- und Tilgungsdienst der Schuldverschreibungen sollen von jeder die Zahlung unmittelbar belastenden deutschen Steuer frei sein.

Bei der Durchführung dieses Vertrages sind die für die Reichsschuldenverwaltung aus den deutschen Gesetzen sich ergebenden Rechte und Pflichten zu beachten.

Maatschappij verpflichtet sich, während der Zeit von 3 Jahren, gerechnet vom Zeitpunkt der Übergabe der zweiten Tranche der Schuldverschreibungen an Maatschappij und deren Zahlung an, nicht ohne vorherige Zustimmung der Reichsregierung die Schuldverschreibungen auf irgendeinen Markt zu bringen. Sie behält sich aber das Recht vor, auch während der 3 Jahre die Schuldverschreibungen an andere zum Stab-Konzern gehörende Unternehmungen, ebenso wie an Versicherungs- und Finanzgesellschaften zu verkaufen unter der Bedingung, daß diese sich ihrerseits Maatschappij und dem Reich gegenüber verpflichten, während der 3 Jahre die Schuldverschreibungen nicht weiter zu begeben. Maatschappij ist dafür verantwortlich, daß die vorstehenden Verpflichtungen strengstens durchgeführt werden, und ist verpflichtet, für den Fall, daß sich doch bei irgendeinem Inhaber von Schuldverschreibungen die Notwendigkeit zur gänzlichen oder teilweisen Abstoßung innerhalb der 3 Jahre ergeben sollte, die in Frage kommenden Schuldverschreibungen selbst zurückzuerwerben. Zu diesem Zwecke hat sie sich bei Verkauf an Unternehmungen oder Gesellschaften der oben erwähnten Art das Recht zum Rückerwerb für die vorbezeichneten Fälle innerhalb der 3 Jahre vorzubehalten.

Maatschappij verpflichtet sich, auch soweit sie Schuldverschreibungen weiterbegeben hat, dafür zu sorgen, daß die Ausgabe der Schuldverschreibungen auf dem Markt nur durch solche von ihr vorzuschlagende Bankhäuser vorgenommen wird, die vorher von der Reichsregierung nach deren Ermessen als dazu geeignet anerkannt worden sind. Maatschappij verpflichtet sich ferner, bevor die Schuldverschreibungen auf den Markt gebracht werden, mit der Reichsregierung in Verbindung zu treten, um nach Möglichkeit sicherzustellen, daß die Bedingungen, unter denen die Ausgabe stattfindet, dem Kredit des Reichs keine Nachteile bereiten.

Stab übernimmt für alle Verpflichtungen der Maatschappij aus oder im Zusammenhang mit diesem Vertrag dem Reich gegenüber die selbstschuldnerische Haftung.

§ 2.

Stab verpflichtet sich, der Deutschen Zündholz-Verkaufs-Aktiengesellschaft in Berlin (hierunter D.Z.V.A.G. genannt) ein Darlehen in Höhe von 5 Millionen Reichsmark unverzüglich nach Inkrafttreten des Reichsgesetzes über das Zündwarenmonopol auf die Dauer von 15 Jahren zu gewähren. Das Darlehen soll mit 8 % jährlich verzinslich sein; die Zinsen sollen jeweils zum Schlusse eines Kalenderjahres fällig sein. Die D.Z.V.A.G. soll berechtigt sein, das Darlehen jederzeit ganz oder teilweise nach 3 monatiger Aufkündigung zurückzuzahlen.

§ 3.

Bedingung für die Gewährung der Anleihe von 125 Millionen Dollars ist, daß durch Reichsgesetz ein Zündwarenmonopol für das Deutsche Reich errichtet wird und daß die Ausübung des Monopols der D.Z.V.A.G. für den gleichen Zeitraum übertragen wird, für den Stab gemäß Nr. 19 Buchstabe d Absatz 3 am Gewinne der D.Z.V.A.G. beteiligt ist, wobei die folgenden Grundgedanken berücksichtigt werden müssen:

1. In der D.Z.V.A.G., für die als eine Körperschaft eigenen Rechts ein anderer Name in Aussicht genommen ist, sollen alle im Monopolgebiet jeweils zur Herstellung von Zündwaren berechtigten Unternehmer zusammengeschlossen sein, ausgenommen, soweit das Reich es bestimmt, die Gepag (Nr. 2 Abs. 2). Monopolgebiet soll sein das Gebiet des Deutschen Reiches mit Ausnahme der Zollausschlüsse, jedoch einschließlich des Badischen Zollausschlußgebietes. Das Saargebiet soll, vorbehaltlich späterer abweichender Vereinbarungen, nicht zum Monopolgebiet gehören. Als schwedische Gruppe dieser Unternehmer innerhalb der D.Z.V.A.G. sollen gelten: die Deutsche Zündholzfabriken-Aktiengesellschaft in Berlin, die Norddeutsche Zündholz-Aktiengesellschaft in Berlin und die Süddeutsche Zündholz-Aktiengesellschaft in Berlin; als deutsche Gruppe sämtliche übrigen Gesellschafter der D.Z.V.A.G. Die schwedische und die deutsche Gruppe sollen je 50% der Aktien erhalten. Zündwaren im Sinne dieses Vertrages sind alle im Zeitpunkt des Vertragsschlusses unter das Zündwarensteuergesetz vom 9. Juli 1923 — Reichsgesetzblatt I S. 570 — fallenden Zündwaren.

2. Die D.Z.V.A.G. allein soll während der Zeit, in der ihr die Ausübung des Monopols zusteht, das Recht erhalten, die im Monopolgebiet hergestellten Zündwaren zu übernehmen und unmittelbar weiterzuveräußern, sowie Zündwaren in dieses Gebiet von außerhalb einzuführen und aus diesem Gebiet nach außerhalb auszuführen. Sie soll im eigenen Namen und auf eigene Rechnung handeln. Die Hersteller von Zündwaren im Monopolgebiet sollen verpflichtet sein, die in diesem Gebiet von ihnen hergestellten Zündwaren an die D.Z.V.A.G. zu veräußern.

Dem Reich bleibt es vorbehalten, über die Berechtigung des Zentralverbandes Deutscher Konsumvereine, Hamburg, bzw. der Groß-Einkaufsgesellschaft Deutscher Konsumvereine mit beschränkter Haftung, Hamburg, die hierunter als G.E.G. bezeichnet werden, sowie des Reichsverbandes Deutscher Konsumvereine, e. V., Köln, bzw. der Großeinkaufs- und Produktions-Aktiengesellschaft Deutscher Konsumvereine, Köln, die hierunter Gepag genannt werden, zur Herstellung und zum Vertrieb von Zündwaren von den Bestimmungen dieses Vertrags abweichende Vorschriften zu erlassen.

3. Die D.Z.V.A.G. soll solange bestehen, wie Stab gemäß Nr. 19 Buchstabe d Absatz 3 am Gewinn beteiligt ist.

4. Die einzelnen Gesellschafter der D.Z.V.A.G., abgesehen von der G.E.G., und der Gepag, sollen zur Beteiligung am Gesamtabsatz der D.Z.V.A.G. auf Grund von Beteiligungsziffern berechtigt sein; die G.E.G. und die Gepag sollen keine Beteiligungsziffern erhalten. Die D.Z.V.A.G. soll entsprechend der Aufnahmefähigkeit des Marktes für angemessene Zeitabschnitte, die nicht länger als 6 Monate sein sollen, im voraus bestimmen, welche Gesamtmenge alle Gesellschafter zusammen während dieses Zeitraumes herstellen dürfen und herstellen sollen. Die Gesamtmenge soll auf die Gesellschafter entsprechend ihren Beteiligungsziffern verteilt werden. Das Recht zur Beteiligung soll insoweit entfallen, als der Gesellschafter nicht vertragsmäßig liefert und der Rückstand jeweils 10% der von dem einzelnen Gesellschafter in dem Lieferungsabschnitt zu liefernden Menge übersteigt; Rechte oder Ansprüche irgendwelcher Art, insbesondere ein Recht auf Ausgleich beim späteren Absatz oder Schadensersatz sollen ihm wegen Wegfalls seiner Beteiligung gegen die D.Z.V.A.G. und die übrigen Gesellschafter nicht zustehen.

5. Die Festsetzung der Beteiligungsziffern soll nach folgenden Grundsätzen vorgenommen werden:

a) Bei der Festsetzung der Beteiligungsziffern sollen, vorbehaltlich der Bestimmung des Buchstaben g, nur die im Zeitpunkte des Vertragsschlusses zur Herstellung von Zündhölzern im Sinne des Reichsgesetzes über die Erlaubnispflicht für die Herstellung von Zündhölzern vom 28. Mai 1927 — Reichsgesetzblatt I S. 123 — berechtigten Unternehmer berücksichtigt werden.

b) Für die Betriebe, die von der D.Z.V.A.G. erworben sind, werden eigene Beteiligungsziffern nicht gewährt. Soweit diese Betriebe zur Herstellung von Zündhölzern bei Inkrafttreten des Monopolgesetzes berechtigt sind, werden sie zugunsten der auf Grund des Vertrages vom 12. Juli 1926 bisher der D.Z.V.A.G. angeschlossenen Fabrikanten (abgesehen von der G.E.G.) nach den Bestimmungen der folgenden Absätze berücksichtigt.

c) Die Beteiligungsziffern sollen in Vielfachen von Normalkisten (eine Normalkiste im Sinne dieses Vertrages ist gleich 600 000 Zündstäbchen) ausgedrückt werden. Bei der Festsetzung der Beteiligungsziffern soll zwischen Konsumware und anderen

Zündwaren nicht unterschieden werden. Die anderen Zündwaren sollen gegebenenfalls auf Normalkisten umgerechnet werden.
d) Für die Erzeugungsfähigkeit der bereits bisher der D.Z.V.A.G. angeschlossenen Fabrikanten sowie der von der D.Z.V.A.G. erworbenen und zu berücksichtigenden Betriebe soll maßgebend sein der Stand der maschinellen Einrichtungen bei Inkrafttreten des Reichsgesetzes vom 28. Mai 1927; zugrunde gelegt werden soll eine achtstündige reine Produktionszeit.

Für die Festsetzung der Erzeugungsfähigkeit der neu hinzutretenden Unternehmer soll das Reich Richtlinien erlassen können. Dabei sollen für die Unternehmer, die bei Inkrafttreten des Gesetzes vom 28. Mai 1927 zur Herstellung von Zündhölzern berechtigt waren, die Grundsätze des vorstehenden Absatzes gelten.

e) Festgestellt werden soll einerseits die Erzeugungsfähigkeit der gesamten D.Z.V.A.G. bereits bisher angeschlossenen Fabrikanten mit Ausnahme der G.E.G., ferner der von der D.Z.V.A.G. erworbenen und bei den Beteiligungsziffern zu berücksichtigenden Betriebe, andererseits die Erzeugungsfähigkeit aller auf Grund des Monopolgesetzes neu hinzutretenden Unternehmer, abgesehen von der Gepag.

Ermittelt wird zunächst die Erzeugungsfähigkeit aller bereits bisher der D.Z.V.A.G. angeschlossenen Mitglieder der deutschen Gruppe (abgesehen von der G.E.G.). Sodann wird aus der sich hierbei ergebenden Zahl die Erzeugungsfähigkeit der schwedischen Gruppe in der Weise errechnet, daß die Erzeugungsfähigkeit der schwedischen Gruppe zu der Erzeugungsfähigkeit der bezeichneten Mitglieder der deutschen Gruppe sich wie 65 zu 33,375 verhält. Die Erzeugungsfähigkeit der von der D.Z.V.A.G. erworbenen und bei den Beteiligungsziffern zu berücksichtigenden Betriebe wird sodann der Gesamtheit der bereits bisher der D.Z.V.A.G. angeschlossenen Mitglieder der deutschen Gruppe (abgesehen von der G.E.G.) einerseits und der schwedischen Gruppe andererseits nach dem vorstehenden Verhältnis zugeteilt. Für die Unterverteilung auf die bereits bisher der D.Z.V.A.G. angeschlossenen Mitglieder der deutschen Gruppe untereinander soll das Verhältnis maßgebend sein, das für ihr Verhältnis untereinander auf Grund des Vertrages vom 12. Juli 1926 endgültig festgesetzt worden ist. Die Unterverteilung auf die Mitglieder der schwedischen Gruppe soll einem von der Deutschen Zündholzfabriken-Aktiengesellschaft in Berlin zu stellenden Antrag entsprechend vorgenommen werden.

Die der Erzeugungsfähigkeit der neu hinzutretenden Unternehmer entsprechende Ziffer soll auf die einzelnen neu hinzutretenden Unternehmer nach dem Verhältnis der Erzeugungsfähigkeit des einzelnen Unternehmers zu der Erzeugungsfähigkeit der gesamten neu hinzutretenden Unternehmer unterverteilt werden.

Die sich bei dem vorstehenden Verfahren für die einzelnen Gesellschafter ergebenden Zahlen stellen ihre Beteiligungsziffern dar.

f) Zuständige Stellen für die Festsetzungen sollen sein:
aa) für die Festsetzung der gesamten Erzeugungsfähigkeit der bereits bisher angeschlossenen Fabrikanten sowie der von der D.Z.V.A.G. erworbenen und zu berücksichtigenden Betriebe und für die Unterverteilung auf die bereits bisher angeschlossenen Fabrikanten ein Ausschuß von 3 Mitgliedern. Je ein Mitglied soll von der deutschen Gruppe und der schwedischen Gruppe gewählt, der Obmann von der vom Reich bestimmten Stelle bestellt werden.
bb) für die Festsetzung der gesamten Erzeugungsfähigkeit der neu hinzutretenden Unternehmer ein Ausschuß von 3 Mitgliedern. Ein Mitglied soll vom Aufsichtsrat der D.Z.V.A.G. möglichst aus den 2 Mitgliedern des Ausschusses zu aa), ein weiteres Mitglied von den neu hinzutretenden Unternehmern gewählt, der Obmann soll von der vom Reich bestimmten Stelle bestellt werden;
cc) für die Unterverteilung auf die neu hinzutretenden Unternehmer ein Ausschuß von 3 Mitgliedern. 2 Mitglieder sollen von den neu hinzutretenden Unternehmern gewählt, der Obmann von der vom Reich bestimmten Stelle bestellt werden.

Gegen die Entscheidung der Ausschüsse soll Beschwerde an ein Gericht des Reichs innerhalb eines Monats nach Zustellung der Entscheidung zulässig

## Vertrag des Deutschen Reichs mit Kreuger

sein. Für die Zeit bis zur Entscheidung des Gerichts sollen die Entscheidungen der Ausschüsse für die Beteiligungsziffern maßgebend sein.

g) Das Reich soll berechtigt sein, zum Ausgleich von offenbaren Härten Beteiligungsziffern solchen Personen zu gewähren, die bis zu dem Zeitpunkt, in dem der Entwurf des Monopolgesetzes den gesetzgebenden Körperschaften zugeht, betriebsfähige Anlagen zur fabrikmäßigen Herstellung von solchen Zündwaren eingerichtet haben, die nicht unter das Reichsgesetz vom 28. Mai 1927 fallen.

h) Das Reich soll berechtigt sein, Übergangsbestimmungen für die Zeit bis zur Erteilung der Beteiligungsziffern zu erlassen.

6. Zur Herstellung von anderen Zündwaren als Konsumwaren sollen sämtliche Gesellschafter der D.Z.V.A.G. entsprechend ihren Beteiligungsziffern berechtigt, aber nicht verpflichtet sein, soweit sie den an solche Waren zu stellenden Anforderungen genügen. Der von der D.Z.V.A.G. zu ermittelnde Gesamtbedarf an solchen Waren wird auf die einzelnen bei ihrer Herstellung beteiligten Gesellschafter unter Berücksichtigung ihrer Beteiligungsziffern verteilt.

7. Die Gesellschafter der D.Z.V.A.G. sollen berechtigt sein, ihre Beteiligungsziffern ganz oder teilweise auf andere Gesellschafter ihrer Gruppe für die Dauer oder auf Zeit zu übertragen oder zur Nutzung zu überlassen, auf Gesellschafter der anderen Gruppe oder Dritte nur mit Zustimmung einer vom Reich bestimmten Stelle. Die Übertragung der Beteiligungsziffern soll nur zugleich mit der Übertragung der dem Gesellschafter gehörenden Aktien der D.Z.V.A.G. im entsprechenden Nennbetrage zulässig sein. Die Übertragung oder Überlassung soll zur Gültigkeit gegenüber der D.Z.V.A.G. der schriftlichen Mitteilung an sie durch den übertragenden oder überlassenden Gesellschafter bedürfen. Sie soll der D.Z.V.A.G. gegenüber vom nächsten Lieferungsabschnitt an oder von einem anderen mit ihr zu vereinbarenden Zeitpunkt an wirksam sein. Die Beteiligungsziffern sollen vererblich sein.

Dem Reich bleibt es vorbehalten, zugunsten der Arbeiter und Angestellten in Anlehnung an die Vorschriften des § 11 des Reichsgesetzes vom 28. Mai 1927 Vorschriften zum Ausgleich für Nachteile zu erlassen, die sich für die Arbeiter und Angestellten aus der gänzlichen oder teilweisen Übertragung oder Überlassung der Beteiligungsziffern ergeben.

8. Die Beteiligungsziffer soll erlöschen, wenn der Berechtigte dauernd lieferungsunfähig wird, soweit die Beteiligungsziffer nicht binnen 6 Monaten nach Eintritt der dauernden Lieferungsunfähigkeit gemäß Ziffer 7 übertragen ist. Das Erlöschen soll von der vom Reich bestimmten Stelle festgestellt werden.

9. Die D.Z.V.A.G. soll verpflichtet sein, ihren Gesellschaftern, abgesehen von der G.E.G. und der Gepag, die auf Grund der Ziffer 4 festgesetzten Liefermengen im Rahmen des Gesamtbedarfs durch möglichst gleichmäßige Abrufe abzunehmen.

10. Für Konsumware ist der

Übernahmepreis, d. h. der Preis, zu dem die D.Z.V.A.G. die Ware von der inländischen Fabrik frei Waggon nächste Eisenbahnstation der Fabrik oder frei in dem der Fabrik nächstgelegenen Verladehafen nach Wahl der D.Z.V.A.G. übernimmt, abgesehen von der Zündwarensteuer, auf 130 $\mathcal{RM}$ (einhundertdreißig Reichsmark) für die Normalkiste einschließlich Verpackung, der

Monopolpreis, d. h. der Preis, zu dem die D.Z.V.A.G. die Zündwaren für den Inlandsbedarf an den Händler frachtfrei nach der Vollbahn- oder Wasserstation des Bestellers verkauft, unbeschadet ihres Rechtes, Rabatte zu gewähren, auf 260 $\mathcal{RM}$ (zweihundertsechzig Reichsmark) für die Normalkiste einschließlich Verpackung, und der

Kleinverkaufshöchstpreis im Inlande für das Paket zu 10 Schachteln mit je etwa 60 Zündhölzern auf 0,30 $\mathcal{RM}$ (dreißig Reichspfennig) festzusetzen.

Diese Preise sollen für 4 Jahre gelten vom Inkrafttreten des Monopols ab gerechnet. Für die Zeit nach Ablauf der 4 Jahre soll das Reich berechtigt sein, die vorstehenden Preise aus eigener Entschließung oder auf Antrag der D.Z.V.A.G. abweichend festzusetzen. Wird der Übernahmepreis erhöht, so soll der Monopolpreis im gleichen Verhältnis erhöht werden; jedoch erhält in diesem Falle das Reich neben allen ihm sonst nach diesem Vertrag zufließenden Beträgen außerdem den Betrag vorweg, der nach dem Verhältnis, in dem der Monopolpreis erhöht wird, auf die Zündwarensteuer entfällt; zugleich erhöhen sich die an das Reich gemäß Nr. 19 dieses Vertrages vorweg zu entrichtenden Beträge im gleichen Verhältnis wie der Monopolpreis. Wird der Übernahmepreis gesenkt, so soll der Monopolpreis nicht gesenkt werden.

Vor der Entscheidung des Reichs ist ein von ihm zu berufender Ausschuß zu hören, in dem sowohl die deutsche wie die schwedische Gruppe vertreten sein soll. Das Reich bestimmt, für welche Zeit die neuen Preise gelten sollen. Der Ausschuß soll berechtigt sein, hierfür Vorschläge zu machen.

Unter Konsumware im Sinne dieses Vertrags ist zu verstehen die normale überwiegend auf dem deutschen Markt geführte Schachtelware von guter Qualität.

Für andere Waren als Konsumware, insbesondere aus Espenholz hergestellte Ware besserer Ausstattung und mit Sonderetiketten (zur Zeit Welthölzer von Voll- oder Dreiviertel-Format), werden die Preise von der vom Reich bestimmten Stelle festgesetzt; die D.Z.V.A.G. ist berechtigt, Anträge für die Festsetzung der Preise zu stellen.

Die vorstehenden Bestimmungen sollen nicht gelten für solche Spezial- oder Luxustypen von Zündwaren, die die D.Z.V.A.G. jeweils dem Reich anzugeben hat, und deren Absatz zusammen 10% des inländischen Gesamtabsatzes an Zündwaren nicht überschreitet. Die D.Z.V.A.G. ist befugt, die Preise für diese Waren zu bestimmen; die Übernahme- und Monopolpreise sollen in angemessenem Verhältnis zu den entsprechenden Preisen der übrigen Zündwaren stehen. Überschreitet der Absatz dieser Waren in drei aufeinanderfolgenden Kalendermonaten 10% des inländischen Gesamtabsatzes an Zündwaren, so ist die vom Reich bestimmte Stelle befugt, nach ihrer Wahl die Preise so vieler Arten von Spezial- und Luxustypen selbst festzusetzen, daß die dann noch verbleibenden Arten von Spezial- und Luxustypen zusammen die Grenze von 10% nicht überschreiten. Die D.Z.V.A.G. soll berechtigt sein, Vorschläge zu machen.

Solche Arten von Zündwaren, die bei Abschluß dieses Vertrags von der D.Z.V.A.G. nicht vertrieben werden, insbesondere solche, deren Herstellung auf Grund von künftigen technischen Neuerungen in Frage kommen sollte, können von den Gesellschaftern entsprechend den Beteiligungsziffern hergestellt werden. Die Reichsregierung setzt die Preise für solche Waren nach Anhörung der D.Z.V.A.G. fest. Die Gesellschafter sind berechtigt, für solche Waren selbst Propaganda zu machen. Die vorstehenden Bestimmungen gelten sinngemäß für die G.E.G. und die Gepag.

11. Zündwaren sollen zu keinen geringeren Preisen als den für die entsprechenden Arten geltenden Übernahmepreisen, vermehrt um 10%, ausgeführt werden; die vom Reich bestimmte Stelle soll befugt sein, auf Antrag der D.Z.V.A.G. abweichende Preise für Ausfuhrware festzusetzen.

12. Die von der D.Z.V.A.G. geführten Zündwaren müssen grundsätzlich im Monopolgebiet hergestellt sein. Sie sind in für den Inlandsbedarf ausreichender Menge und Beschaffenheit zur Verfügung zu halten. Bleiben die Lieferungen der schwedischen Gruppe hinter der ihren Beteiligungsziffern entsprechenden Menge zurück, so soll der Ausgleich durch verstärkte Heranziehung der deutschen Gruppe geschaffen werden. Ist auch auf diese Weise der Bedarf nicht zu decken, so soll die D.Z.V.A.G. berechtigt sein, die fehlenden Mengen einzuführen. Die schwedische Gruppe soll verpflichtet sein, der D.Z.V.A.G. den etwaigen Unterschiedsbetrag zwischen dem Erwerbspreis der Waren, verzollt frei nächste deutsche Grenzstation, und dem jeweiligen Übernahmepreis für Konsumware zu erstatten.

Bleiben die Lieferungen eines oder mehrerer Mitglieder der deutschen Gruppe hinter den ihren Beteiligungsziffern entsprechenden Mengen zurück, so sollen die fehlenden Mengen auf die übrigen Mitglieder der deutschen Gruppe umgelegt werden. Soweit die fehlende Menge auf diese Weise nicht gedeckt wird, soll die schwedische Gruppe herangezogen werden. Wird der Bedarf auch hierdurch nicht gedeckt, so soll die D.Z.V.A.G. berechtigt und verpflichtet sein, die fehlenden Mengen einzuführen.

13. Wird der Gesamtbedarf in zwölf aufeinanderfolgenden Kalendermonaten nicht in vollem Umfange durch die Produktion im Monopolgebiet gedeckt, so soll das Reich berechtigt sein, neue Beteiligungsziffern zu gewähren.

14. Besteht ernstliche Gefahr, daß der Inlandsbedarf durch die D.Z.V.A.G. nicht befriedigt wird, auch nicht durch die nach Ziffer 12 zugelassene Einfuhr, so soll das Reich berechtigt sein, Maßnahmen zu treffen, um den Inlandsbedarf zu sichern.

15. Die D.Z.V.A.G. soll verpflichtet sein, nach Maßgabe ihrer Lieferungsbedingungen und der Lieferungsmöglichkeit Zündwaren an jeden inländischen Besteller in

angemessenem Umfange abzugeben. Unterschiedliche Behandlung der Abnehmer untereinander soll unzulässig sein, vorbehaltlich der besonderen Bestimmungen zugunsten der G.E.G. und der Gepag.

Sind Geschäftsbedingungen oder Arten der Preisfestsetzung, die für den Verkehr der D.Z.V.A.G. mit Dritten durch deren Organe bestimmt werden, geeignet, die Gesamtwirtschaft oder das Gemeinwohl zu gefährden, so soll die vom Reich bestimmte Stelle befugt sein, die Bedingungen zu beanstanden und die beanstandeten Bedingungen, solange und insoweit der Beanstandung nicht Rechnung getragen ist, durch abweichende Bestimmungen zu ersetzen.

16. Das Reich soll berechtigt sein, Vorschriften zur Sicherung der Qualität der Zündwaren zu erlassen.

17. Die Mitglieder des Vorstandes der D.Z.V.A.G. sollen Reichsangehörige sein. Die Hälfte der Vorstandsmitglieder soll auf Vorschlag der deutschen, die andere Hälfte auf Vorschlag der schwedischen Gruppe vom Aufsichtsrat bestellt werden.

Der Vorsitzende und grundsätzlich auch der stellvertretende Vorsitzende des Aufsichtsrates sollen Reichsangehörige sein. Für den stellvertretenden Vorsitzenden sollen von der Reichsregierung Ausnahmen zugelassen werden können. Die Wahl des Vorsitzenden und des stellvertretenden Vorsitzenden soll der Genehmigung durch die Reichsregierung bedürfen.

Der Aufsichtsrat soll aus 11 Mitgliedern bestehen und von der Generalversammlung gemäß folgenden Bestimmungen gewählt werden:

Der Vorsitzende in freier Wahl, 2 Mitglieder auf Vorschlag der Reichs-Kredit-Gesellschaft Aktiengesellschaft, Berlin, 2 auf Vorschlag der deutschen Gruppe, 1 Mitglied auf Vorschlag der G.E.G. und 5 auf Vorschlag der schwedischen Gruppe. Der stellvertretende Vorsitzende soll aus den Mitgliedern des Aufsichtsrates vom Aufsichtsrat gewählt werden. Sollte der Vorsitzende vor Ablauf der Amtszeit ausscheiden, so soll von der Generalversammlung unverzüglich für den Rest der Amtszeit ein neuer Vorsitzender gewählt werden.

Im Falle von Meinungsverschiedenheiten zwischen den Vorstandsmitgliedern soll jedes Mitglied des Vorstandes berechtigt sein, die Entscheidung des Aufsichtsrates anzurufen.

18. Das Reich soll berechtigt sein, die Aufsicht über die D.Z.V.A.G. durch Reichskommissare auszuüben. Die Reichskommissare sollen die Aufgabe haben, das öffentliche Interesse wahrzunehmen und darüber zu wachen, daß der Geschäftsbetrieb der D.Z.V.A.G. mit den Gesetzen der Satzung und den sonst in verbindlicher Weise getroffenen Bestimmungen in Einklang erhalten wird.

Die Kommissare sollen befugt sein,
a) an den Sitzungen des Aufsichtsrates und der Generalversammlung teilzunehmen und Anträge zu stellen; ihnen soll auf Verlangen jederzeit das Wort erteilt werden;
b) die Berufung des Aufsichtsrates und der Generalversammlung sowie die Ankündigung von Gegenständen zur Beschlußfassung zu verlangen und, wenn dem Verlangen nicht entsprochen wird, die Berufung oder Ankündigung auf Kosten der D.Z.V.A.G. selbst vorzunehmen;
c) die Ausführung von Beschlüssen oder Maßnahmen zu untersagen, die gegen das Gesetz, die Satzung oder die sonst in verbindlicher Weise getroffenen Bestimmungen verstoßen.

Die Kosten der Kommissare soll die D.Z.V.A.G. tragen.

19. Für die Berechnung und Verteilung des Gewinnes sollen folgende Bestimmungen maßgebend sein:
a) Die Bildung und Ausstattung von Delcrederefonds soll eines übereinstimmenden Beschlusses einerseits des Aufsichtsrates und andererseits des Vorstandes bedürfen.
b) Die Bildung von Reservefonds soll nur bis zur Höhe von 50% des Grundkapitals zulässig sein.
c) Für die Gewährung von Tantiemen soll die Gesellschaftssatzung maßgebend sein.
d) Aus dem Reingewinn sollen nach Abzug der Tantiemen zunächst 8% Dividende an die Aktionäre ausgeschüttet werden. Etwaige Rückstände an Dividende sollen ohne Berechnung von Zinsen aus dem Reingewinn des nächsten und nötigenfalls der späteren Geschäftsjahre nach Abzug der Tantiemen vorweg ausgeschüttet werden. Sodann soll das Reich, unbeschadet der Bestimmungen zu Nr. 10 Abs. 2, vorweg für jede von der D.Z.V.A.G. abgesetzte Normalkiste 13 $\mathcal{RM}$ erhalten.

Der Rest des Reingewinns soll ebenfalls dem Reiche zufließen, das verpflichtet sein soll, die Hälfte des Restes unverzüglich an Stab abzuführen.

Die vorstehende Gewinnverteilung soll gelten für die Zeit bis zur vollständigen Tilgung der Anleihe. Sie gilt jedoch, wenn die Anleihe vor Ablauf von 32 Jahren, vom Inkrafttreten des Monopolgesetzes ab gerechnet, vollständig zurückgezahlt wird, für die ganze Dauer dieser 32 Jahre. Wird die Anleihe vollständig erst nach Ablauf der 32 Jahre zurückgezahlt, so ändert sich die Gewinnverteilung für die Zeit nach Ablauf der 32 Jahre bis zur vollständigen Rückzahlung der Anleihe in der Weise, daß das Reich aus dem restlichen Reingewinn, der nach Abzug der ihm vorweg zufließenden Beträge verbleibt, nur 25 % an Stab abzuführen hat.

Das Reich soll berechtigt sein, Vorschriften darüber zu erlassen, wann die ihm vorweg zufließenden Beträge an die Reichskasse abzuführen sind.

20. Die bereits bisher der D.Z.V.A.G. angeschlossenen Fabrikanten, abgesehen von der G.E.G., sollen der D.Z.V.A.G. gegenüber nach dem Verhältnis ihrer Beteiligungsziffer verpflichtet sein, den bei der Gegenüberstellung der Aktiven und Passiven auf den Zeitpunkt des Inkrafttretens des Monopols ohne Berücksichtigung etwaiger bereits bestehender Ausgleichsansprüche gegen die vorbezeichneten Fabrikanten sich ergebenden Passivsaldo mit angemessenen Zinsen innerhalb von spätestens 6 Jahren abzudecken.

Die Bestandteile der von der D.Z.V.A.G. erworbenen Zündwaren-Fabrikationsbetriebe sollen, unbeschadet der Bestimmungen zu Ziffer 5 über die Festsetzung der Beteiligungsziffern, ebenfalls zur Abdeckung des Passivsaldos verwertet werden.

Der Passivsaldo soll von einer vom Reich bestimmten Stelle endgültig festgestellt werden. Bei der Aufstellung der Bilanz auf den Zeitpunkt des Inkrafttretens des Monopols soll das Lager der D.Z.V.A.G. an Zündwaren mit den Übernahmepreisen angesetzt werden, die für das Jahr 1930 gelten. Die D.Z.V.A.G. soll berechtigt und verpflichtet sein, den beteiligten Fabrikanten zur Deckung des Passivsaldos entsprechende Abzüge vom Übernahmepreis zu machen; sie soll die Höhe der Abzüge unter Berücksichtigung der von ihr für Kredite zu entrichtenden Zinsen bestimmen.

Soweit bei Übertragung oder sonstigem Übergang der Beteiligungsziffern auf einen anderen die Verpflichtung der Fabrikanten zur anteilmäßigen Abdeckung des Passivsaldos nicht vollständig erfüllt ist, soll die Verpflichtung zugleich mit der Beteiligungsziffer auf den Erwerber übergehen, bei nur teilweisem Übergang der Beteiligungsziffer entsprechend dem Verhältnis des übergehenden Teils der Beteiligungsziffer. Der Rechtsvorgänger soll mit dem Erwerber gesamtschuldnerisch haften. Stab übernimmt dem Reich und der D.Z.V.A.G. gegenüber für die vorstehenden Verpflichtungen der Fabrikanten die selbstschuldnerische Bürgschaft.

21. Stab verpflichtet sich, unbeschadet der Bestimmungen des § 5, die bei Inkrafttreten des Monopols noch nicht abgewickelten Verträge, an denen die D.Z.V.A.G. beteiligt ist, mit Ausnahme von Anstellungsverträgen, Mietverträgen und Verträgen des laufenden Verkaufsgeschäftes auf Verlangen des Reiches auf eine oder mehrere vom Stab anzugebende Gesellschaften in der Weise zu übernehmen, daß die übernehmende Gesellschaft (Gesellschaften) an die Stelle der D.Z.V.A.G. tritt, sofern die Verträge nach der künftigen Satzung der D.Z.V.A.G. nicht in den Geschäftskreis der Gesellschaft fallen oder Aufwendungen der Gesellschaft veranlassen können. Soweit solche Verträge nicht entsprechend den vorstehenden Bestimmungen übernommen werden, verpflichtet sich Stab dem Reich und der D.Z.V.A.G. gegenüber, für sämtliche Verluste selbstschuldnerisch einzustehen, die aus solchen Verträgen nach Inkrafttreten des Monopols eintreten.

22. Im Falle der Liquidation fließt das nach Deckung der Schulden und Auszahlung der etwa rückständigen 8 %igen Dividende sowie Rückzahlung der Aktien zum Nennbetrage verbleibende Vermögen in voller Höhe dem Reiche zu.

23. Das Reich soll berechtigt sein, die D.Z.V.A.G. durch eigene Organe oder besondere Sachverständige jederzeit einer Buch- und Betriebsprüfung zu unterziehen. Die D.Z.V.A.G. soll verpflichtet sein, den prüfenden Organen und Sachverständigen alle erforderlichen Auskünfte zu erteilen und Unterlagen zur Verfügung zu stellen. Die gleichen Rechte sollen dem Rechnungshof des Deutschen Reichs zustehen. Die Prüfungsmaßnahmen sollen so vorgenommen werden, daß sie den Betrieb der D.Z.V.A.G. möglichst wenig stören.

24. Der Gesellschaftsvertrag der D.Z.V.A.G. soll als Satzung der D.Z.V.A.G. den Bestimmungen dieses Vertrages angepaßt werden. Änderungen der Satzung sollen der Zustimmung der vom Reich bestimmten Stelle bedürfen.

Der Vertrag der Zündholzfabrikanten untereinander und mit der D.Z.V.A.G. vom 12. Juli 1926 soll mit Wirkung von dem Inkrafttreten des Monopolgesetzes ab außer Kraft gesetzt werden.

§ 4.

Die Reichsregierung wird darauf hinwirken, daß bei der Zündwarensteuer eine neue Stufe für Schachteln mit etwa 45 Hölzern eingeschaltet wird.

Die Reichsregierung behält sich vor, Zündwaren, die sich bei Inkrafttreten des Monopolgesetzes im Monopolgebiet befinden, einer besonderen Besteuerung zu unterwerfen.

§ 5.

Wird das Monopolgesetz nicht spätestens am 31. Januar 1930 verkündet, oder sind die zum Inkrafttreten des Young-Planes erforderlichen Ratifikationserklärungen nicht bis zum 31. Mai 1930 erfolgt, so bestehen für die Vertragsparteien keinerlei Verpflichtungen aus oder im Zusammenhang mit diesem Vertrage. Das Reich ist berechtigt, diesen Vertrag mit der gleichen Wirkung zu kündigen, wenn bis zum 15. Dezember 1929 nicht Vereinbarungen über die Abwicklung des Exportvertrags zwischen der D.Z.V.A.G. und der Stab vom 5. Dezember 1927 getroffen werden, die die Zustimmung der Reichsregieruung finden.

§ 6.

Erfüllt Stab oder Maatschappij die Verpflichtung zur Gewährung der Anleihebeträge innerhalb der vorgesehenen Fristen ganz oder zum Teil nicht, so ist das Reich verpflichtet, die ihm zugeflossenen Anleihebeträge entsprechend den Bestimmungen dieses Vertrags mit jährlich 6% zu verzinsen und bis zu dem für die gesamte Anleihe vorgesehenen Schlußzeitpunkt zu tilgen; alle aus § 3 sich ergebenden Verpflichtungen des Reiches in bezug auf Errichtung, Ausgestaltung und Übertragung der Ausübung des Zündwarenmonopols, insbesondere auch die Rechte der Stab auf Beteiligung am Gewinn aus dem Monopol erlöschen mit Wirkung vom Zeitpunkt des Vertragsschlusses an. Das Reich ist nicht verpflichtet, weitere Teilbeträge der Anleihe abzunehmen.

§ 7.

Streitigkeiten zwischen dem Reiche und Stab oder Maatschappij über die aus diesem Vertrage sich ergebenden Rechte und Pflichten der Parteien untereinander sollen auf Anrufung einer der beiden Parteien von einem Senat des Reichsgerichts in Leipzig, den der Präsident des Reichsgerichts oder sein Vertreter im einzelnen Falle bestimmt, als Sondergericht endgültig entschieden werden. Der Senat soll berechtigt sein, das Verfahren zu regeln.

Das Gericht soll befugt sein, einen angemessenen Betrag für die Gerichtskosten festzusetzen und über die Tragung dieser Kosten zu entscheiden. Alle übrigen Kosten fallen ohne Rücksicht auf den Ausgang des Rechtsstreites endgültig der Partei zur Last, der sie erwachsen sind.

Stab und Maatschappij verpflichten sich, einen Vertreter mit Wohnsitz im Gebiet des Reichs dem Reich namhaft zu machen, der berechtigt sein soll, mit Wirkung für und gegen Stab und Maatschappij Erklärungen und andere Mitteilungen des Reichs sowie Zustellungen und Ladungen zu empfangen.

*gez. Dr. Rudolf Hilferding*
*Reichsminister der Finanzen*
*zugleich für den Reichswirtschaftsminister*

*Svenska Tändsticks Aktiebolaget*
*gez. Ivar Kreuger   gez. Walter Ahlström*

*N. V. Financieele Maatschappij*
*Kreuger & Toll*
*gez. V. Holm*

Berlin, den 26. Okt. 1929.

Der *Reichsminister der Finanzen.*

An die
*Svenska Tändsticks Aktiebolaget in Stockholm*
und an die
*Financieele Maatschappij Kreuger & Toll in Amsterdam.*

Bei Abschluß des Vertrages zwischen dem Deutschen Reich einerseits und der Svenska Tändsticks Aktiebolaget, Stockholm, sowie der Financieele Maatschappij Kreuger & Toll in Amsterdam andererseits vom 26. Oktober 1929 bestand zwischen den Vertragsparteien Einverständnis über folgende Punkte:

1. Zu § 1: Die Anleiheprospekte sind im Einvernehmen mit der Reichsregierung aufzustellen.

    Die nach Ablauf der Sperrfrist zu liefernden Teilschuldverschreibungen sollen von der Reichsdruckerei in Berlin hergestellt werden, sofern die Reichsdruckerei den Bedingungen der New York Stock Exchange genügt.

2. Zu § 3 Nr. 1: Die Deutsche Zündholz-Verkaufs-Aktiengesellschaft soll als Körperschaft eigenen Rechts von der Körperschaftssteuer befreit sein.

3. Zu § 3 Nr. 10: Wenn ein Kunde Ware mit Reklameetiketten zu beziehen wünscht, so soll diese Etikettenbestellung von der Deutschen Zündholz-Verkaufs-Aktiengesellschaft als ein Sondergeschäft zu behandeln sein. Es soll also einerseits mit dem Besteller eine Vereinbarung zu treffen sein wegen des Zusatzpreises für die Reklame und andererseits eine Vereinbarung mit den mit der Herstellung der Reklamewaren betrauten Fabrikanten über den Zuschlagspreis für die Fabrikation. Für den Fall, daß G.E.G. oder Gepag (§ 3 Nr. 2 Absatz 2 des Vertrages) von der Deutschen Zündholz-Verkaufs-Aktiengesellschaft Zündwaren beziehen sollte, sollen diese Gesellschaften jedoch berechtigt sein, Lieferung mit je einer von ihnen zu bestimmenden Standardetikette statt anderer Etiketten ohne irgendwelche Zusatzpreise zu verlangen.

4. Zu § 3 Nr. 19 Buchstabe d: Der vom Deutschen Reich an die Svenska Tändsticks Aktiebolaget abzuführende Anteil am Gewinn der Deutschen-Zündholz-Verkaufs-Aktiengesellschaft soll von jeder die Zahlung unmittelbar belastenden deutschen Steuer frei sein.

5. Zu § 5 Satz 2: Die Reichsregieruung soll die Zustimmung nicht verweigern, wenn eine solche Abwicklung des Exportvertrags herbeigeführt wird, daß Belastungen oder sonstige Nachteile irgendwelcher Art zu Lasten der Deutschen Zündholz-Verkaufs-Aktiengesellschaft für die Zeit nach Inkrafttreten des Monopols ausgeschlossen sind.

*gez. Dr. Rudolf Hilferding*
*Reichsminister der Finanzen*
*zugleich für den Reichswirtschaftsminister*

Berlin, den 26. Oktober 1929.

*Svenska Tändsticks Aktiebolaget, Stockholm*
und
*Financieele Maatschappij Kreuger & Toll, Amsterdam.*

An den
*Herrn Reichsminister der Finanzen in Berlin.*

Bei Abschluß des Vertrages zwischen dem Deutschen Reich einerseits und der Svenska Tändsticks Aktiebolaget, Stockholm, sowie der Financieele Maatschappij Kreuger & Toll in Amsterdam andererseits vom 26. Oktober 1929 bestand zwischen den Vertragsparteien Einverständnis über folgende Punkte:

1. Zu § 1: Die Anleiheprospekte sind im Einvernehmen mit der Reichsregierung aufzustellen.

Die nach Ablauf der Sperrfrist zu liefernden Teilschuldverschreibungen sollen von der Reichsdruckerei in Berlin hergestellt werden, sofern die Reichsdruckerei den Bedingungen der New York Stock Exchange genügt.
2. Zu § 3 Nr. 1: Die Deutsche Zündholz-Verkaufs-Aktiengesellschaft soll als Körperschaft eigenen Rechts von der Körperschaftssteuer befreit sein.
3. Zu § 3 Nr. 10: Wenn ein Kunde Ware mit Reklameetiketten zu beziehen wünscht, so soll diese Etikettenbestellung von der Deutschen Zündholz-Verkaufs-Aktiengesellschaft als ein Sondergeschäft zu behandeln sein. Es soll also einerseits mit dem Besteller eine Vereinbarung zu treffen sein wegen des Zusatzpreises für die Reklame und andererseits eine Vereinbarung mit den mit der Herstellung der Reklamewaren betrauten Fabrikanten über den Zuschlagspreis für die Fabrikation. Für den Fall, daß G.E.G. oder Gepag (§ 3 Nr. 2 Absatz 2 des Vertrages) von der deutschen Zündholz-Verkaufs-Aktiengesellschaft Zündwaren beziehen sollte, sollen diese Gesellschaften jedoch berechtigt sein, Lieferung mit je einer von ihnen zu bestimmenden Standardetikette statt anderer Etiketten ohne irgendwelche Zusatzpreise zu verlangen.
4. Zu § 3 Nr. 19 Buchstabe d: Der vom Deutschen Reich an die Svenska Tändsticks Aktiebolaget abzuführende Anteil am Gewinn der Deutschen Zündholz-Verkaufs-Aktiengesellschaft soll von jeder die Zahlung unmittelbar belastenden deutschen Steuer frei sein.
5. Zu § 5 Satz 2: Die Reichsregierung soll die Zustimmung nicht verweigern, wenn eine solche Abwicklung des Exportvertrags herbeigeführt wird, daß Belastungen oder sonstige Nachteile irgendwelcher Art zu Lasten der Deutschen Zündholz-Verkaufs-Aktiengesellschaft für die Zeit nach Inkrafttreten des Monopols ausgeschlossen sind.

*Svenska Tändsticks Aktiebolaget*
gez. *Walter Ahlström*

*N. V. Financieelle Maatschappij*
*Kreuger & Toll*
gez. *V. Holm*

Printed by Libri Plureos GmbH
in Hamburg, Germany